Arthur Schopenhauer

쇼펜하우어의 슬기로운 철학수업

Arthur Schopenhauer

쇼펜하우어의 슬기로운 철학수업

아르투어 쇼펜하우어 | 김미조 편역

파랑새서재

파리가 태어나는 것은
거미에게 잡아먹히기 위해서이며,
인간이 태어나는 것은
괴로움의 노예가 되기 위해서다.

-아르투어 쇼펜하우어

세상은 내가 존재하기에 존재한다

자기 자신을 위해 밝힌 촛불은
다른 사람을 위해서도 빛난다.
모두를 위하고 싶다면,
너 자신을 먼저 위해야 한다.

여섯 살 무렵의 기억이 있습니다.

화장실 불을 밝히려고 까치발로 서서는 형광등 스위치에 손을 얹었지요. 그런데 그 순간, 저는 '화장실에 가려고 형광등 스위치에 손을 대는 나 자신'을 느끼고 말았습니다. 이전에는 '나'라는 존재를 인식하지 못했습니다. 그저 가족의 보호를 받고, 가족과 함께 생활하는 가족의 일부분이었습니다. 그런데 '나'를 느껴버린 겁니다. 가족과 분리된 '나', 세상에 태어나 무언가를 하는 '나'. 그냥 '나'. 나라는 존재.

그다음 저를 덮친 건 죽음에 대한 공포였습니다. 내가 살아 있다는 건, 결국 내가 언젠가는 죽는다는 뜻이었으니까요. 죽음

그 자체보다는 나라는 존재가 언젠가 '이 세상에 없는 존재'가 되어버린다는 그 사실에 저는 무섬증을 느끼고 말았습니다. 무섬증의 중심엔 '죽음을 홀로 맞닥뜨려야 한다는 생각'이 있었지요. 겁이 많고 약한 아이였던 제 성향을 잘 파악하고, 정서적인 부분까지 알뜰히 보살폈던 내 어머니는 당시 내겐 신과 같은 존재였습니다. 하지만 이런 존재라도 '나의 죽음'엔 그 어떤 관여를 할 수 없다는 사실, 죽음만큼은 오롯이 홀로 대면해야만 한다는 그 사실에 낭패감을 느껴야 했습니다.

제가 글을 쓰고자 마음먹은 것도 이 때문입니다. 죽음이라는, 더 정확하게는 '개체의 소멸'이라는 화두가 생겼고, 이 화두를 풀지 않고서는 견딜 수 없기 때문이었지요. 그런데 이러한 화두는 단지 사색하고 글을 쓰는 것으로 풀리는 것이 아니었습니다. 청소년기를 지나 어른이 되는 과정에서 수많은 사람을 만나고, 수많은 경험을 하며 절로 깨닫게 되는 것들도 있었지요. 아마도 대부분이 이러한 과정을 겪고 있을 겁니다. 죽음에 대한 개개인의 생각과 경험치는 달라도, '삶과 죽음', 혹은 '생성과 소멸'의 본질은 크게 다르지 않으니까요.

그렇기에 쇼펜하우어의 철학은 우리에게 촘촘하면서도 큰 자극을 줍니다. 그는 세계를 움직이는 본질을 꿰뚫고, 그 본질 안에서 삶과 죽음의 의미가 무엇인지를 날카롭게 분석한 철학

자이기 때문입니다. 그는 죽음을 그저 하나의 자연현상으로 봅니다. 세상에 존재하는 모든 생명체는 태어난 이후에야 '죽음'이라는 것을 마주하게 됩니다. 태어나기 이전엔 삶이 없었듯, 죽음도 없었지요. 죽음은 그저 생명 기계장치가 멈춘 것이기에 죽음 이후의 세상을 궁금해하거나 두려워할 이유가 없습니다. 이 때문에 우리가 정작 생각하고, 고민해야 하는 것은 '죽음'이 아니라 '삶'입니다. 쇼펜하우어는 바로 이 삶을, 인간에게 주어진 삶의 목적을 말하고 있습니다.

"파리가 태어나는 것은 거미에게 잡아먹히기 위해서이며, 인간이 태어나는 것은 괴로움의 노예가 되기 위해서다."

-《인생론》

길고 험난한 것이 역사이듯, 인간의 삶 역시 고단한 것입니다. 쇼펜하우어는 여러 번 자주 반복해 말합니다. 삶은 결국 고통 그 자체라고.

그런데 이러한 말이 전부라면, 쇼펜하우어의 철학은 단지 허무주의의 빠져 사람들에게 어떤 감명도 주지 못했을 겁니다. 쇼펜하우어가 죽음을 이야기하는 것은 '그래서 삶이 허무한 것이다'를 말하기 위해서가 아닙니다. 우리의 삶이 '끝이 있는, 현재의 집합체'임을 강조하기 위해서입니다. 끝이 있으니, 지금이 순간을 더 잘 살아내야 한다는 것이지요. 또, 그가 '삶은 괴로운 것이다.'라고 강조한 것은 '그러니 괴로워하라'는 뜻이 아닙니다. 삶을 괴롭게 만드는 정체를 파악해, 나름의 대책을 세우라는 것입니다. 그가 제시한 대책엔 '내가 나로 사는 것', '나의 인격을 높이는 것', '건강을 지키는', '다른 이의 견해에 휘둘리지 않는 것', '미래의 두려움을 미리 끌고 와 두려워하지 않는 것' 등이 있습니다.

인간은 사회적 동물입니다. 그렇기에 수많은 관계를 맺을 수밖에 없습니다. 그 속에서 쉽게 상처받기도 하고, 자신을 좀 더 잘난 사람으로 드러내고자 허영심을 발휘하기도 합니다. 그런데 생각해 보면, 이 모든 것은 인간의 짧은 삶에서 큰 의미가 없는 것이지요. 그렇기에 쇼펜하우어는 진정으로 자신에게 중요한 것을 자기 자신에게서 찾아야 한다고 말합니다. 세계는 나를 둘러싼 표상일 뿐, 세계를 인식하는 것은 나 자신이기 때문이지요.

'세계는 나의 표상이다.'

-《의지와 표상의 세계》

이는 '세상은 내가 존재하기에 존재한다'는 또 다른 말이기도 합니다. 내가 세상을 인식하기에 세상이 있습니다. 내가 없다면, 세상도 없습니다. '나'는 '나의 세상'에서 '나'로 사는 존재입니다. 그러니 우리가 종종 다른 사람에게 듣거나 다른 사람에게도 하는 말을 자신에게 해주는 건 어떨까요?

"있을 때 잘해."

편역자 김미조

1. 혼자, 때로는 함께

2. 힘들다고 주저앉을래?

3. 네가 가져야 할 것들

4. 파도가 거센 삶의 바다를 굳건히 헤쳐나가라

1

혼자, 때로는 함께

혼자여도 괜찮아
아니, 혼자여서 더 괜찮아

자기 자신에만 의지하는 사람,
자기 자신이 전부인 사람이
가장 행복하다.

*

위대한 정신을 가진 이들이 사회를 싫어하는 것은 다른 사람들의 능력이나 업적이 같지 않은데도 권리의 평등이 실현되어서다. 이른바 상류층에서는 온갖 것의 장점을 인정하면서도 정신적인 장점은 인정하려 하지 않는다. 이러한 정신적 장점은 심지어 사회적 불만을 일으키는 위험한 것으로 간주해버린다. 반면, 인격이 탁월한 사람은 용서를 빌거나 숨어서 지낸다. 자신의 정신적 우월을 내세우지 않더라도 단순히 그것이 존재한다는 이유만으로 다른 이들의 감정을 상하게 하기 때문이다.

자기 자신에게 만족하고 자기 자신이 전부일 수 있어서 '나는 내 전 재산을 몸에 지니고 다닌다. 내 지력은 최상의 소유물이다.'라고 할 수 있는 것은 우리의 행복에 가장 유익한 특성이다. 그러므로 '행복이란 자기 자신에게 만족하는 사람의 것이다.'라는 아리스토텔레스의 말을 늘 명심해야 할 것이다. 사람들이 의지할 수 있는 것은 오직 자기 자신뿐이며, 그 밖의 누구도 아니다. 또한 사회생활에 따르는 고충이나 위험, 불쾌감은 피할 수 없다.

행복에 이르는 길로 마음껏 즐기는 상류층의 생활만큼 잘못된 것도 없다. 이러한 생활을 통해 우리의 가엾은 존재를 기쁨과 즐거움, 만족을 느끼는 존재로 바꾸려 하지만 결국엔 환멸로 끝나기 때문이다. 또한 이런 생활엔 서로를 기만하는 일도 따른다.

인간이 사교적이 되는 것은 고독한 자신을 견딜 능력이 없어서다.

*

    인간은 자연의 순위표에서 상위에 있을수록 고독을 더 느끼게 되는데, 이는 본질적이면서도 불가피한 일이다. 이때 신체의 고독이 정신의 고독과 일치한다면 그로서는 고마운 일이다. 그렇지 못한 경우엔 이질적인 사람들이 주위에 모여들어 그의 고독을 방해하고, 그에게 적대적인 태도로 그의 자아를 빼앗지만 아무 보상도 하지 않는다. 그뿐 아니라 자연은 도덕적이거나 지적인 면에서 큰 차별을 두었으나 사회는 이를 무시하고 모든 사람이 평등하다고 간주하며, 자연이 만든 순위표와 정반대로 배치된 신분과 지위의 인위적인 차이와 등급을 설정한다. 이 배열로 인해 자연이 낮은 등급에 둔 대다수가 매우 높은 지위를 차지하게 되거나 자연이 높은 등급에 둔 소수는 소홀히 다루어진다. 그 때문에 자연에서 등급이 높은 이들은 사회를 피하게 되고, 거의 모든 사회엔 저열한 사람들만이 득세하게 되는 것이다.

*

　모든 사회는 필연적으로 서로 간의 타협, 서로에 대한 순응을 요구한다. 그 때문에 사회의 범위가 넓을수록 무미건조해진다. 인간은 혼자 있을 때만 온전히 자기 자신일 수 있다. 고독을 사랑하지 않는 사람은 자유도 사랑하지 않는다. 혼자 있을 때만 자유를 사랑하기 때문이다. 강요는 모든 사회생활에서 떼낼 수 없는 것이며, 여러 희생을 요구한다. 이 희생은 개성이 큰 사람일수록 더 참기 어려운 것이 된다. 그렇기에 인간은 자아의 가치에 비례해 고독을 피하거나 견디며, 때로 고독을 사랑하는 것이다. 초라한 인간은 고독할 때 자신의 초라함을 느끼지만, 위대한 정신의 소유자는 고독할 때 자신의 위대함을 느끼게 된다. 모든 이는 자신의 수준에서 고독을 느끼는 것이다.

*

　타인에게서 얻을 수 있는 것은 극히 좁은 한계를 지닌다. 결국, 인간은 누구든 혼자다. 그러므로 지금 혼자 있는 자가 누구인가가 중요한 문제다.

*

　인간의 내면과 인간이 원래 지닌 것, 그러니까 인격과 그
것의 가치가 우리의 행복을 결정짓는 직접적 요인이다. 다
른 모든 것은 간접적인 것이다. 다른 모든 것으로 인한 영향
은 헛된 것으로 돌릴 수 있지만, 인격에 기인한 영향만큼은
그럴 수 없다. 의식의 성질만은 변함이 없으며, 개성은 때에
따라 많고 적음의 차이는 있어도 굳건하게 지속된다. 반면에
다른 모든 것은 때에 따라 잠시 영향을 미칠 뿐이며 세상의
변화에 덧없이 따르는 것이다. 우리가 외부에서 닥친 불행
을 스스로 초래한 불행보다 차분하게 견딜 수 있는 것도 이
때문이다. 운명은 변할 수 있어도 자신의 성질은 변하지 않
는다.

*

　혼자 살아갈 수 있는 이는 정서적 안정을 취하는 것에도
유리하다. 다른 이들이 살아가는 모습을 보지 않고, 또 그들
의 이러저러한 견해에도 신경 쓸 필요가 없어서다.

*

　인간을 이루는 것, 그러니까 인간이 원래 지닌 것이 가장 중요하다. 개성은 언제 어디서나 인간을 따라다니며, 그가 경험하는 모든 것에 색을 입힌다. 무슨 일을 하든 어떠한 상황에서든 인간은 오로지 자기 자신만을 즐긴다. 육체적 향락뿐 아니라 정신적 향락에서도 그렇다. '즐기다'의 영어 표현은 '자신을 즐기다(enjoy oneself)'인데, 이는 매우 적절하다. 이를테면, '그는 파리를 즐긴다.(He enjoys Paris.)'라고 하지 않고, '그는 파리에서 자신을 즐긴다.(He enjoys himself at Paris.)'라고 표현하는 것만 봐도 알 수 있다. 하지만 개성이 그 원래의 성질을 잃기 시작하면, 그 어떤 즐거움이라도 '쓸개즙을 머금은 입속의 맛좋은 포도주'가 되어버린다. 좋은 일이든 나쁜 일이든-그것이 매우 큰 재난이 아니라면-그 일 자체보다는 그 일을 크거나 작게 받아들일 수 있는 감수성의 강도가 중요하다.

*

　지적으로 뛰어난 사람에게 고독은 두 가지에서 이롭다. 첫째는 자기 자신과 함께하는 것이고, 둘째는 타인과 함께하지 않는다는 것이다. 모든 교제에 따르는 강제와 괴로움, 위험을 고려하면 두 번째 이로움을 높이 평가할 수 있다.

*

　권태의 해악은 무시할 수 없는 것으로 권태에 사로잡히면 절망하게 된다. 이 권태 때문에 원래 타인을 아끼거나 위하는 마음이 없는 사람조차도 다른 사람들과 어울리고 싶어 한다. 그러므로 권태는 사교의 본성이라 할 수 있다.

*

　어떤 사람들은 매우 사교적이며 타협적이다. 이런 사람들에겐 자기 자신을 참아내는 것보다 다른 사람을 참아내는 것이 더 쉬운 일이다.

상류 사회는 우리가 칭찬할 수도 사랑할 수도 없는 사람들을 우리가 받아들이기를 요구한다. 또한 우리 자신이 자신의 천성에 맞게 사는 것을 허용하지 않고, 오히려 타인과 보조를 맞추기 위해 자신의 키를 낮추기를 요구한다. 그 때문에 우리는 자기 부정을 하고, 자기 자신의 많은 부분을 포기해야만 한다. 이렇게 해야 우리는 다른 사람의 환영을 받는다.

＊

자기 자신으로 되돌아가는 고독한 상태에서야 자신이 가진 것이 무엇인지 드러난다. 왕으로 태어난 사람은 가련한 개성이라는 떨쳐버릴 수 없는 짐을 지고 한숨짓지만, 재능 있는 사람은 그의 재능으로 사람들을 모이게 해 더없이 황량한 곳을 활기차게 한다.

*

　자신의 모습을 있는 그대로 보지 못하는 이유는 무엇일까? 또, 다른 사람의 모습을 머릿속에 그릴 수 있어도 정작 자신의 모습을 그릴 수 없는 이유는 무엇일까? 이러한 질문에서 우리는, '너 자신을 알라.'라는 오래된 명제를 떠올리게 된다.

*

　재기 있는 사람은 혼자 있어도 자신의 사고와 상상력으로 커다란 즐거움을 얻을 수 있다. 반면, 둔감한 사람은 사교나 연극, 소풍이나 오락을 계속 즐길지라도 고통스러운 지루함을 견디지 못할 것이다.

너는 다른 이의
고양이가 아니다

모든 존재는
그 자신의 작품이다.

＊

타인을 용서하고 잊어버리는 행위는 자신의 값진 경험을 창밖으로 내던지는 것과 마찬가지다. 상대가 언짢아하거나 화를 낸다면 몇 번 더 용서해도 될 만큼 그가 가치 있는 사람인지 아닌지 자신에게 물어보기만 하면 된다. 상대가 그만큼 소중한 이라면 뭐라 말해봤자 소용없을 테니 그것에 대해 더는 말할 필요가 없다. 반면, 그럴 만큼 소중한 이가 아니라면 그와 영원히 절교하는 편이 좋을 것이다. 다음엔 그러지 않겠다는 약속을 하더라도, 언젠가 그는 똑같거나 비슷한 행동을 반복할 것이기 때문이다.

*

이기심은 그 본질상 끝이 없다. 인간은 가능한 한 모든 쾌락을 누리고, 모든 것을 소유하려 하며, 만일 불가능하면 적어도 그것을 자기의 지배 아래 두려 한다.

"모든 것을 내게 다오. 다른 사람은 아무것도 가지지 못해도 상관없다."

이것이 인간의 푯말이다. 인간의 이기심처럼 거대한 것이 없다. 우주도 그것을 다 포용하지 못한다. 누구에게나 질문해 보라.

"만일 우주 멸망과 네 멸망 중 하나를 선택해야 한다면, 당신은 어느 쪽을 선택할 것인가?"

어떤 대답이 돌아올지 듣지 않아도 알 수 있을 것이다.

*

우리의 본성은 약하다. 이 때문에 다른 이에게 드러내 보이는 것, 즉 타인의 눈에 비친 자신의 존재를 지나치게 의식하는 경향이 있다. 그런데 조금만 생각해 보면 타인의 시선은 중요한 것이 아님을 알 수 있다.

*

　인간은 세계의 중심에 자신을 놓고 모든 것을 자신과 연관 짓는다. 작은 일에서 큰일까지, 심지어 국가의 멸망까지도 자신의 이해관계에 따라 생각한다. 누구든 자신의 이해관계를 우선으로 하며, 다른 이의 처지를 따져보지 않는다. 자신만이 참된 존재이고, 타인은 단지 초상화 같은 것이라 여기고 있으니, 얼마나 같잖은가.

　나는 거대한 이기심에 대해 과장된 표현을 하려다 이런 생각을 하게 되었다. '사람들 대부분은 타인을 죽여 그 기름을 짜 자기 장화를 닦는 일도 서슴지 않는다.'

　다만 나는 여기에 의문을 품고 있다.

*

　타인을 모범으로 삼아서는 안 된다. 나와 타인의 성격이 다르고 처지, 상태, 사정과 같은 외부적 요인이 다르기 때문이다. 이 때문에 설혹 같은 행동을 한다 해도 나와 타인은 같을 수 없다.

*

　조금이라도 자신의 허영심이 상처받거나 무시당하면 어김없이 모욕감을 느끼고 화를 낸다. 또, 때로 매우 큰 아픔을 느끼게 되는데, 이는 매우 놀라운 일이다. 명예심이 이러한 특성에 기인하는 것이라면, 이 특성은 많은 사람이 도덕적으로 훌륭한 대처를 할 수 있게 만드는 영향이 있을 수도 있다. 그렇지만 그것이 행복에 유익한 작용을 할 것이라 보긴 어렵다. 오히려 행복에 방해되고 불리하게 작용할 것이다. 그렇기에 아양을 떠는 말이나 상처를 주는 말에 예민하게 반응하지 않는 것이 현명하다. 이 두 말은 모두 같은 실에 달려 있는데, 이러한 말에 매이면 타인의 견해와 생각의 노예가 될 수도 있다. 호라티우스는 이렇게 말했다.

　"명예욕이 강한 자를 지배하는 것은 이처럼 경솔하고 사소한 일이다."

　그러므로 자신의 가치를 타인의 눈에 비친 것에 불과한 가치와 비교하는 것은 우리의 행복에 그다지 도움이 되지 않는다.

*

인간의 이기심은 아주 무섭다. 우리는 예의라는 껍질 속에 이기심을 숨기려 들지만, 이기심은 매 순간 껍질을 뚫고 나와 타인을 이용하려는 본능을 드러낸다. 우리는 상대가 나에게 어떤 이득이 되는지를 따져본다. 만약 이득을 주지 못한다고 생각하면 곧 무가치한 사람으로 판단해 무시해버린다. 또, 상대도 나와 같다고 여기고 상대가 내게 충고를 하면 자기 이익을 위해 나를 도구로 삼으려는 것이라 단정하고, 상대의 말을 믿지 않는다.

*

타인과의 관계에서 우리가 하는 모든 일에 어느 정도 끝나기를 원하고 조급하게 끝내려고 하면, 끝이 났을 땐 즐거움을 느낀다. 다만 모든 끝, 끝의 끝만큼은 되도록 멀리 있기를 원한다.

*

상대의 속을 파악해라. 사람은 사람에게 쉽게 속는다. 품질 나쁜 상품을 사기보단 차라리 원래 가격보다 비싸게 주더라도 좋은 품질의 상품을 사는 게 낫다. 이처럼 사람을 알려면 그 내면을 들여다볼 수 있어야 한다. 그 감정의 깊이를 가늠하고 성품과 기질을 알아차릴 수 있어야 한다. 많은 사람보다 몇몇에 불과하더라도 제대로 된 사람과 사귀는 것이 낫다. 그러려면 사람의 속을 끊임없이 파악해야 한다.

*

세상에 부러워할 만한 사람은 하나도 없다. 반대로 비참한 사람들은 헤아릴 수 없을 정도로 많다. 인생이란 고된 투쟁으로 끝마쳐야 할 부역에 지나지 않는다.

*

금을 검은 돌에 문질렀는데 황금 자국이 생기진 않았어. 다들 "이건 진짜 금이야."라고 외쳤어. 사람들은 금을 더 못한 금 속에 던져버렸지. 그 검은 돌이 색만 검을 뿐 금의 순도를 밝히는 현무암이 아니었음을 훗날 알게 되었어. 이제 그 금은 다시 명예를 찾았어.

진짜 돌만이 진짜 금을 증명할 수 있지.

*

내면의 공허는 곧 무료함의 근원이다. 이 공허는 늘 외적인 자극을 갈망한다. 이 때문에 공허는 무엇을 선택할지 까다롭게 굴지 않는다.

*

원래 위대한 정신을 지닌 이들은 독수리처럼 높은 곳에 홀로 둥지를 트는 법이다. 비슷한 이들은 멀리서도 서로를 알아본다. 생각의 질이 낮은 사람들이나 재능이 떨어지는 사람들일수록 더 그렇다. 이런 사람은 세상에 널렸지만 우수하고 뛰어난 사람은 드물기 때문이다.

*

나는 타인의 좋은 평가에 허영심이 충족되어 속으로 기뻐하는 사람을 이해할 수 없다. 그들은 비록 입에 발린 말이라도, 칭찬을 받으면 저를 쓰다듬는 인간의 손길에 꾸르륵 소리를 내는 고양이처럼 즐거워한다. 그리고 사람들은 타인의 갈채에 위로를 얻는다.

*

행복의 대부분은 건강으로 결정된다. 모든 쾌락의 원천이 건강이다. 우리가 만날 때 서로의 건강으로 안부를 묻는 것은 그러므로 당연한 인사이다. 생업, 승진, 명예를 위해 건강을 희생시키는 것이 가장 어리석다.

누구나 '자신'을 기준으로 삼는다
너도 그렇다

자기 자신을 위해 밝힌 촛불은 다른 사람을 위해서도 빛난다.
모두를 위하고 싶다면, 너 자신을 먼저 위해야 한다.

*

그 누구도 자기를 뛰어넘어 세계를 보지 못한다. 즉, 모든 사람은 자신의 모습만큼 타인을 볼 수 있다. 자신이 가진 지성으로만 다른 사람을 파악하고 이해한다. 정신적으로 뛰어난 사람이라도 지성이 저급한 사람에겐 아무 영향도 주지 못한다. 저급한 지성을 가진 이는 뛰어난 재능을 가진 사람에게서 가장 저급한 것, 즉 그가 지닌 약점, 기질과 성격적 결함밖에 감지하지 못해 그 사람을 보잘것없는 인물로 생각해 버린다. 눈이 보이지 않는 사람이 색을 보지 못하는 것처럼 그 역시 높은 정신을 보지 못하는 것이다.

　모든 가치 평가는 평가자의 인식 범위에 의해 생겨난다. 이런 이유로 누군가와 대화를 나눌 때 상대방보다 더 나은 면은 모두 숨기고, 심지어 자기 부정까지 하게 된다. 그런데도 상대는 그 사실을 알아차리지 못하고 그 사람을 자신과 같은 수준으로 보는 것이다. 그런데 대부분은 저열한 생각을 하고 있기에 그들과 대화를 나누기 위해서는 그 시간 동안 스스로 저열한 사람이 되어야만 가능하다는 것을 알게 될 것이다. 그러니까 '자신을 저열한 존재로 만든다'는 의미를 이해하게 되는 것이다. 이를 깨달았다면, 사람들은 저열한 본성을 매개로 해서만 소통이 가능한 모든 사교 모임을 어떻게든 피하려 할 것이다. 또한 어리석은 자나 바보에 대해 자신의 분별력을 보여주려면 오직 하나의 길밖에 없다는 것을 짐작하게 될 것이다. 그 방법이란 그들과 대화를 나누지 않는 것이다. 이렇게 되면 많은 사람과의 사교를 위해 때때로 무도회에 나갔다가 절름발이만 만나는 춤꾼 같은 기분이 들 수도 있을 것이다. 그렇게 되면 그는 누구와 춤을 춰야 한단 말인가?

＊

인간은 대체로 주관적이다.

오직 자신에게만 의미를 둘 뿐 그 외의 것엔 별 관심이 없다. 그렇기에 다른 이가 무슨 말을 하든 자신부터 생각한다. 그러다가도 자신과 관련된 이야기가 나오면 그것에 완전히 주의를 빼앗기고 이야기 가운데 등장한 다른 인물에 대해서는 전혀 이해하지 못한다. 또 흥미를 주지 못하거나 자신의 허영심을 건드리면 그 어떤 이야기도 가치 없는 것으로 치부해버린다. 그 때문에 설혹 상대가 진실하고, 아름답고, 재치 있는 말을 하더라도 그에 대해서 별 감흥을 받지 못하는 것이다.

＊

타인의 시선은 참된 행복이 머물기엔 지나치게 참담한 무대다. 이러한 무대에선 환영과 같은 행복만 발견할 뿐이다. 그렇기에 무엇보다 자기 자신을 위해 생각하는 것에 진정한 가치가 있다.

*

인간은 상대방이 무의식중에 화 주머니를 슬쩍 건드리기만 해도 낑낑거리는 강아지와 견줄 만하다. 또는 다른 사람들이 조심스럽게 대해야만 하는 환자 같기도 하다. 정도가 심한 사람은 다른 사람들과의 대화에서 몇 마디 말로도 모욕을 느끼곤 한다. 그리고 그는 자신을 모욕했다고 여긴 이에게 나름 복수를 하게 되는데, 이때 복수를 당한 이는 자신이 무엇을 잘못했는지 깊이 생각해도 알아내지 못할 것이다.

*

명성이란 명성을 얻은 사람을 평가하는 외부적 요인에 따른 것이다. 명성을 얻은 자는 그런 요인에 의해 자신이 높은 평가를 받는 것을 확인한다. 빛이 물체에 반사되지 않으면 전혀 보이지 않는 것처럼, 사실 모든 탁월함도 명성에 의해 비로소 그 자체의 진정성이 확인되는 것이다.

*

그 누구도 자신을 넘어선 것까지 볼 수 없다. 누구나 자신의 모습만큼 타인을 볼 수 있다는 뜻이다. 자신이 가진 지성으로만 다른 사람을 파악하고 이해할 수 있어서다.

*

인간은 무엇이든 다 잊을 수 있다. 하지만 자기 자신의 본질만은 잊을 수 없는 법이다. 인간의 모든 행동은 어떤 내적인 원칙에서 나오는 것이기에 성격이 변하지 않는다. 그렇기에 인간은 같은 상황에서 같은 행동을 할 수밖에 없다.

*

자신의 행복을 자신에게서 아니라 타인의 표상 속에서 찾는 이는 믿음직스럽지 못한 것에 의존하는 것이다.

*

　모든 이에겐 표정으로 자신의 인상을 가면으로 바꿀 수 있는 재능이 있다. 그 가면은 자신이 원래 지녀야 할 모습을 정확히 나타낸다. 그 가면은 오로지 그의 개성에 맞추어 만들어졌기에 그에게 알맞으며 어울린다. 그렇기에 진짜 같다. 인간은 다른 이의 환심을 사고 싶을 때마다 그 가면을 착용한다.

*

　인간은 모든 일에 자신을 연관 짓고, 무슨 사상이든 자신과 연관해 생각한다. 이 비루한 주관성을 입증할 수 있는 것이 점성술이다. 이것은 엄청나게 많은 천체의 운행을 하찮은 자아와 연결하며 하늘의 혜성까지도 지상의 분쟁이나 가치 없는 일과 연결한다. 이러한 일은 어느 시대에서나, 심지어 아주 오래전부터 있었다.

*

인간은 간혹 자신을 위험에 빠트릴 수도 있는 말을 불쑥 내뱉는다. 하지만 자신을 웃음거리로 만들 만한 말은 끝까지 하지 않는다. 타인의 비웃음이 그의 말 바로 뒤에 결과로 나타나기 때문이다.

*

무슨 일을 하든 의욕과 능력만으로는 충분하지 않다. 자신이 무엇을 원하는지, 또 무엇을 할 수 있는지 알아야 한다. 그래야 비로소 자신을 보여줄 수 있으며 비로소 올바른 일을 성취할 수 있다.

*

모든 사람은 자신에게 가장 훌륭한 존재여야만 한다. 자신 안에서 즐거움을 발견하는 일이 많을수록 점점 더 행복해질 것이다.

슬기롭게 관계 짓기

사회생활에선 행동을 조심하고 마음을 너그럽게 해야 한다.
조심하면 손실을 막을 수 있고, 너그러운 마음은 다툼을 피할 수 있다.

*

고약한 개성에 대해선 파우스트가 말한 것처럼 '저런 괴상한 녀석도 있어야겠지요.'라고 생각하면 된다. 이렇게 하지 않으면 상대방에게 도전해 생사를 건 싸움을 거는 셈이다. 그 이유는 상대가 원래 가진 개성-그의 도덕적 성격, 인식 능력, 기질이나 인상 등-은 그 누구도 바꿀 수 있는 게 아니기 때문이다. 그런데도 우리가 상대의 본질을 부정하면, 그는 우리를 적으로 생각하기에 다툼이 일 수밖에 없다. 자신의 생존권을 인정받기 위해 변화를 강요받는 것이나 다름없어서다.

*

소크라테스는 자신의 능력을 검증해달라고 찾아온 한 청년에게 이렇게 말했다.

"자네가 어떤 사람인지 보이도록 말하게."

이는 단지 '듣다'의 의미가 아니라 말 그대로 '보이다'의 의미를 지닌다. 사람이 말을 할 때는 얼굴의 여러 특징, 특히 눈의 생기, 표정에 따라 그 사람의 지적 능력이 표현되기에 우리는 그 순간만큼은 그의 지적 능력을 평가할 수 있기 때문이다. 소크라테스가 원한 것도 이것이다. 하지만 우리는 다른 주장을 할 수도 있다. 첫째, 상대의 말을 듣는 것으론 그의 도덕적 자질을 판단할 수 없다는 점이다. 둘째, 말을 할 때 상대의 표정 변화를 객관적으로 파악하지만 그와 관계성이 생기면 주관적 견해가 끼어든다는 점이다. 만약 상대가 은은한 매력을 풍긴다면 우리는 공평한 판단을 내리지 못하게 된다. 그렇기에 소크라테스는 다음과 같이 말하는 것이 나았을 것이다.

"자네가 어떤 사람인지 보이도록 말하지 말게."

*

한 인간의 진정한 관상을 깊이 알려면 그가 홀로 자기 자신에게 내맡겨진 모습을 관찰해야 한다. 다른 이와 있을 때의 그는 이미 타인의 모습이 반영된 상태지만, 홀로 있을 때의 그는 자신만의 생각과 감각에 잠겨 온전히 자기 자신으로 있어서다. 이때 꿰뚫어보는 골상학적 시선이 그의 진정한 본질을 알 수 있게 한다. 그의 얼굴에는 그의 생각이나 노력이 깊이 새겨져 있으며, 홀로 있을 때 자신을 어떤 존재로 느끼는지도 알 수 있다.

*

참된 우정이란 과장되게 큰 바다뱀처럼 지어낸 이야기거나 어딘지도 불확실한 곳에 존재하는지 모르는 것이다. 반면 매우 다양한 종류의 이기심이 숨겨져 있다 하더라도, 참되고 진정한 우정이 조금이라도 들어 있다면 우정이라고 부를 만한 관계는 제법 존재한다.

*

쉽게 상처받는 이는 인간관계에서 어려움을 겪는다. 친구를 만들기도 힘들고, 작은 일에도 금방 마음이 흔들려 자신의 약한 모습을 타인에게 들키고 만다. 그런 사람은 무슨 일이 생기면 쉽게 화를 내기에 주위 사람을 질리게 한다. 그들의 마음은 유리처럼 깨지기 쉽다. 이를 눈치챈 사람들은 그들에게 농담이든 진담이든 말을 걸지 않으려 한다. 그들에게 상처를 입히게 될까 봐.

*

누구에게나 다른 이보다 뛰어난 면이 있다. 현명한 사람은 상대가 누구든 존경심을 가지고 대한다. 어떤 사람에게서든 장점을 발견하기 때문이다. 반면, 어리석은 사람은 누구든 경멸한다. 뭘 몰라서가 아니라 사람의 약점을 발견하고 그것을 즐기는 성격 탓이다.

*

　바다의 파도가 사나우면 가까이 다가가지 않는 것이 현명하다. 마찬가지로 친구든 동료든 사람들의 마음이 사납게 흔들릴 땐 그냥 내버려두는 것이 좋다. 다양한 사람들과 살다 보면 서로의 감정이 엇갈리고, 그에 따라 소란이 이는 것은 당연하다. 이 같은 폭풍우를 만날 때는 안전한 항구에서 파도가 가라앉기를 기다리는 게 가장 좋은 방법이다.

*

　사교성이란, 몹시 추울 때 서로의 몸을 비며 온기를 더하는 것처럼 서로 정신적인 체온을 나누는 일이라 할 수 있다. 하지만 스스로 많은 온기를 지닌 사람은 그럴 필요를 느끼지 않는다.

*

인생의 끝 무렵은 가면을 벗는 가장무도회의 끝 무렵과 같
다. 이제껏 교류해온 사람들이 실제로 어떤 사람인지 드러나
기 때문이다. 그들의 성격과 행위가 드러나고, 그동안의 성
과가 정당한 평가를 받는 것으로 온갖 환영이 무너진다. 이
모든 일이 일어나기까지는 시간이 필요하다.

*

우리는 사람들이 어떤 모습을 하고 있든 타고난 개성을 견
디며 인정하고, 그것의 종류와 특성에 따라 이용할 생각만
하면 된다. 개성의 변화를 바라거나 그것을 무조건 부정해서
는 안 된다. 이것이 바로 '나도 살고, 너도 살린다.'라는 말의
참된 의미다.

*

　인간은 너그럽게 대하면 버릇이 없어진다는 점에서 어린아이와 같다. 그렇기에 다른 이에게 지나치게 관대하거나 다정할 필요가 없다. 대체로 돈을 꿔달라는 부탁을 거절한다고 해서 친구를 잃지는 않겠지만, 돈을 꿔주면 바로 친구를 잃어버리는 것과 같은 이치다.

*

　새로 알게 된 사람에게 너무 호의적으로 대하지 않도록 조심하자. 그렇지 않으면 많은 경우 실망해 창피를 당하거나 손해를 보기도 할 것이다.

*

　현명한 사람은 상대의 의심을 모른척한다. 변명은 오히려 잠자던 불신을 일깨운다. 변명하기보단 행동으로 증명해 그러한 의심을 없애라.

*

　사람들은 대화하는 동안엔 자신에게 익숙한 위장술을 사용한다. 또, 부분적으로 모든 개인적 관계, 심지어 잠깐 본 관계라 해도 우리는 상대에 편견을 지니게 되는데, 이로 인해 우리의 판단은 주관성에 오염된다. 그렇기에 나는 누군가와 대화를 나누어야 한다면, 먼저 그가 홀로 자신에게 집중해 있을 때를 보라고 추천한다.

*

　진정한 우정은 타인의 즐거움과 슬픔에 거리를 두고 무심한 관심을 가질 것을 전제로 한다. 이러한 관심은 실제로 친구와 하나가 되는 것을 의미한다. 이를 방해하는 것은 이기심이다.

*

　사회생활을 해야만 한다면 어떠한 개성도-그것이 아무리 형편없고 보잘것없거나 가소로운 것이라도-배척해서는 안 된다. 오히려 그 개성을 영원하고 형이상학적 원칙의 결과로 현재에 존재할 수밖에 없는 불변의 것으로 여겨야 한다.

*

　첫인상에 빠지지 마라. 사람들은 처음 소식을 믿게 되면 그 이후의 소식에는 관심을 가지지 않는다. 거짓은 진실보다 앞선다. 그렇기에 우리가 받은 첫인상은 틀리기 쉽고, 뒤따르는 진실은 외면하게 된다.

사랑, 보이진 않지만 있는 것

사랑받고 싶다면,
먼저 사랑할 줄 알아야 한다.

*

　사람들의 칭찬은 즐거운 일이다. 하지만 더 중요한 건 사랑받는 일이다. 사랑받는 건 타고난 행운에 좌우되지만, 자신의 노력으로 얻을 수도 있다. 내가 얼마나 베푸는지에 따라 상대의 호감도 바뀌기 때문이다. 사람들에게 마음을 다해 친절을 베풀어라. 말 한마디에 정성을 다하고 언행을 조심하라. 사랑받고 싶다면 먼저 사랑할 줄 알아야 한다.

*

여러 사람의 경험을 보더라도 알 수 있는 일이지만, 열정적인 사랑은 어떠한 조건에선 급발진해 그 강한 불길로 다른 모든 것을 태우고 깊은 생각을 못 하도록 한다. 또한 믿을 수 없을 만큼 강한 힘과 고집으로 거의 모든 장애를 물리치고, 욕망을 충족시키기 위해서라면 목숨까지 걸며, 만일 욕망이 충족되지 않으면 자살까지도 무릅쓴다. 베르테르, 야코프 오르티스는 소설 속에만 등장하는 인물이 아니다. 유럽에는 이 같은 이유로 제 목숨을 끊은 이가 해마다 여러 명 나오기 때문이다.

그들의 고뇌의 흔적은 신문이나 잡지에 뉴스로 실릴 뿐이고, 그가 살았었다는 증거물은 사람들의 손에 의해 정리될 뿐이다. 그런데 사랑으로 죽음을 택한 이들보다 더 많은 이들은 사랑의 정열에 사로잡혀 정신병원으로 가는 이들이다. 또, 해마다 여러 쌍의 연인이 사랑 때문에 죽는데, 이들은 외부적 압력에 못 이겨 절망한 나머지 그러한 선택을 하는 것이다.

*

    시인은 사랑을 즐겨 노래한다. 비극이든 희극이든 할 것 없이, 낭만적이든 고전적이든 상관없이 모든 희곡은 사랑을 주제로 다룬다. 또, 사랑은 사시사철 나는 과일처럼 모든 국가에서 해마다 계속 출판되는 소설의 주제기도 하다. 사랑을 묘사한 작품 중《로미오와 줄리엣》,《젊은 베르테르의 슬픔》 등은 큰 명성을 얻었다. 라 로슈푸코는 열렬한 사랑이란 요물 같은 것으로, 사람들은 사랑을 입에 담지만 실제로는 아무도 본 적이 없는 것이라 말한 바가 있다. 리히텐베르크는 《연애의 힘에 관하여》에서 뜨거운 열정의 존재를 의심하고, 자연스러운 것이 아니라 말하지만 이는 잘못된 생각이다. 천재적인 시인들이 끊임없이 묘사하고 수많은 이가 감동하는 것을 보면 그렇다. 사랑을 인간의 자연성에 반하는 인간만의 특별한 정념이거나 공허한 상상으로만은 볼 수 없을 것이다.

＊

누구나 날마다 사랑의 불빛을 보고 들으며, 또 누구나 가슴 속에 그 불빛을 지니고 있다. 내가 이해할 수 없는 것은, '서로 사랑하는 연인이 서로의 사랑 속에서 행복을 누릴 수 있다고 확신하는 데도 어째서 용감하게 떨치고 일어나 자신을 괴롭히는 외부적 요인을 끊어내지 못하는가?'이다. 왜 가장 큰 행복을 버리고 죽음을 선택하는 건가.

＊

종족의 영혼은 사회적 지위의 차이, 온갖 시련, 외부적 장애를 모조리 몰아내고, 인간이 이루어놓은 모든 제도를 지푸라기처럼 집어던지고, 오직 다음의 인류를 탄생케 하는 데만 관심을 가진다. 위엄이 없으며 비겁한 사람까지도 사랑을 위해서는 큰 용기를 보이는 건, 사랑 속에 들어찬 형이상학적인 사명으로부터 격려를 받기 때문이다.

*

열렬히 사랑하는 사람을 경쟁자에게 빼앗기거나 그 사람이 죽으면, 인간은 극도의 괴로움을 느끼게 된다. 이때의 괴로움은 초월적인 성격을 가지는데, 그건 개체로서 한 인간이 느끼는 괴로움이 아니고 영원한 본성, 다시 말해 인간이라는 종족의 영혼과 관련 있다. 개체로서 인간은 종족의 영혼이 지닌 특수한 의도를 실현하는 것이다.

질투가 괴로운 이유도 이런 점에서 이해할 만하다. 또, 열렬히 사랑하는 이에 대한 단념이 어떤 희생보다 크게 여겨지는 것도 이해된다. 일상에서 슬픔을 느끼고 탄식하는 것을 부끄러워하는 영웅도 사랑의 고통 앞에서는 비탄을 억누르지 못한다. 이 역시 본인 자신이 아니라 종족 자체기 때문이다.

*

연애는 건강한 체력과 아름다움을 요구한다. 이는 인간이 좋은 성능을 갖추어 생존할 수 있도록 계획한 자연의 의지다.

칼데론의 희곡 《위대한 제노비아》 제2막에서 등장인물인 데키우스는 제노비아에게 이렇게 말한다.

"당신이 나를 사랑한단 말이지요? 그렇다면 나는 백번이라도 승리를 포기하겠소."

이 부분에서 명예는 무시되고 그 대신 사랑, 즉 종족에 대한 이해가 결정적인 역할을 하게 된다. 명예와 의무, 충성이 있었기에 어떤 유혹에도 빠지지 않았고, 죽음의 협박에도 의연히 대응했으나 종족의 이해 앞에서는 굴복해버린다.

이와 마찬가지로 일상에서도 사랑은 어떤 성실성도 믿지 못하게 만든다. 정직하거나 의리 있는 사람도 사랑에 대해서는 양심을 가책을 느끼지 않고, 열렬한 사랑, 즉 종족에 대한 이해에 사로잡히면 다른 이의 손가락질도 개의치 않는다. 심지어 간통까지 서슴지 않는다.

이 경우도 개인적 이해관계에서 비롯되는 권리가 아닌, 개인보다 무한히 큰 종족의 이해관계에 매여 있기 때문이다.

＊

 다른 사람의 사랑을 얻을 것인가? 존경을 얻으려 할 것인가? 우리는 이 중 하나를 선택해야 할 것이다. 사랑엔 다양한 방식이 있지만, 사랑은 항상 이기적이다. 또, 사랑을 얻는 방법은 항상 떳떳하진 않다. 그릇되지 않은 진실한 마음으로 해야지 경멸에 뿌리를 둔 관대한 마음으로 해서는 안 된다.

＊

 인간이 사랑하는 방법은 여러 가지지만 언제나 이기적이다. 게다가 타인의 사랑을 받는 이유가 언제나 우리가 자랑스럽게 생각하고 있는 것이라 할 수 없다. 인간은 겸손할수록 사랑받는다. 이런 저자세는 진중해야 하며, 단지 경멸에서 비롯된 너그러움이어서는 안 된다.

모든 연인은 서로의 몸을 탐닉한 후 곧 속았다고 생각하게 되는데, 그것은 자신에게 종족의 도구가 되게 한 환상, 그러니까 사랑이라는 환상이 사라졌기 때문이다. 그래서 플라톤은 '성적 쾌락은 최대의 사기꾼'이라는 명언을 남기기도 했다.

사랑의 불길은 오직 미래의 존재와 특질을 목표로 하기에 서로가 건강한 신체와 마음을 지니고 감정과 성격과 재능 등을 매개로 만난다. 하지만 여러 조건이 전혀 맞지 않음에도 서로 사랑하고 그 사랑을 잘 유지하는 사람도 있다. 이는 사랑이 두 사람을 맹목적으로 만들기 때문이다.

*

　뜨거운 사랑은 두 사람이 완전히 어울리는 것인데, 이런 경우는 극히 드물다. 그런데도 우리가 시인이 묘사한 위대한 사랑의 주인공을 이해할 수 있는 이유는 우리도 언젠가 그러한 사랑을 할 수 있을 것이라는 기대를 하고 있어서다.

*

　사랑하는 모습은 대체로 희극적이지만, 때로 비극적으로 보이기도 한다. 사랑하는 두 사람의 성격이 서로 균형을 이루지 못해서다.

*

　사랑을 속삭이던 사람들도 일단 그 정열이 충족되면, 곧 정신을 차리고 그처럼 열망하던 것이 일시적인 쾌락에 불과했다는 사실에 새삼 놀라게 된다.

*

서로의 뜻을 이룬 사랑도 행복보다 슬픔을 가져올 때가 있다. 사랑이 요구하는 것이 사랑하는 당사자의 개인적 이익과 충돌하기 때문이다. 이 경우, 실생활이나 미래의 계획은 어그러진다.

*

의욕은 결핍에서 탄생한다. 언제나 열 개를 다 채우지 말고, 하나는 항상 남겨두고 성취되지 않은 채로 욕망이 계속되게 두어라. 그러면 그 불충분이 당신을 위대한 창작자, 예술가로 만들 것이다.

*

　무엇이 우리들의 명랑함을 돕는가. 부유함이 아니다. 건강이다. 빈곤한 노동자들이 명랑하고 만족한 웃음을 짓고 있는 동안 고상한 척하는 사람들이 잔뜩 언짢은 얼굴을 하고 있는 모습을 자세히 살펴보라.

2

힘들다고 주저앉을래?

너의 괴로움엔 이유가 있다

인생은 아픔과 지루함 사이에서
시계추처럼 앞뒤로
흔들리며 흘러간다.

*

노동, 마음의 가책, 괴로움, 가난 등은 거의 모든 이에게 따라붙는 운명이다. 이 모든 고통이 끝나고 소원이 다 이루어진다면, 대체 무엇으로 마음의 공백을 메울 수 있겠는가? 인간은 무엇을 하며 시간을 보내겠는가? 이 세상에 천국을 통째로 옮겨둔다면 어떻게 될까? 인간은 권태에 시달리다 죽어버릴 것이다. 아니면 싸움과 살인을 일삼을 수도 있다. 이로 인해 더 많은 고통을 맛보게 될 것이다. 그렇기에 오늘날 이 세계가 인간이 살기 적당한 곳이며, 그 밖의 다른 무대나 장소는 적합하지 않다.

＊

인간은 행복과 불행을 쫓기도 하고 그것에서 도망치려고도 한다. 행복과 불행이 어떠한 형태로 나타나든 그 바탕엔 육체의 쾌락과 아픔이 있다. 다시 말해, 건강, 음식, 더위와 추위로부터의 보호, 성욕의 충족과 같은 것들의 결핍이다. 이러한 결핍으로 인간은 동물보다 큰 쾌락을 즐긴다고 할 수 없다. 단지 좀 더 강화한 신경 계통이 모든 쾌락이나 고통의 감각을 높여줄 뿐이다. 이때, 인간의 감정은 동물보다 훨씬 격렬하게 움직인다. 그 결과로 얻는 것 또한 건강이며 의식주 등이다.

＊

삶의 직접적인 목적은 괴로움이다. 그렇지 않으면, 우리가 살아가는 이유를 어디에서도 찾을 수 없다. 삶에 따르는 괴로움과 세상에 가득한 걱정과 근심이 우연한 것이며 삶의 목적이 아니라고 여기는 것은 이치에 맞지 않기 때문이다. 특수한 개별적 불행은 예외로 보일지도 모른다. 그러나 이 세상은 어디나 불행으로 가득 차 있다.

*

이루어낸 욕망은 인식된 오류고, 새로운 욕망은 아직 인식 되지 않은 오류다. 원하는 것을 얻지 못한 한, 완벽하면서도 지속적인 만족감을 얻지 못한다. 마치 거지가 적선을 받고는 오늘 겨우 목숨을 부지함으로써 내일까지 고통을 연장하는 것과 다름없다. 그러므로 우리가 우리의 의지에 사로잡혀 있는 한, 희망과 두려움을 끊임없이 붙든 채 욕망의 충동에 내 몰려 있는 한, 지속적인 행복이나 마음의 안정을 결코 가질 수 없다.

*

모든 욕망은 결핍이나 고뇌에서 생긴다. 이 욕망은 채워지 면 끝난다. 하지만 적어도 열 개의 욕망은 채우지 못하고 남 아 있다. 채우지 못한 욕망은 오래 이어지고, 욕구는 끝없이 계속된다. 즉, 만족감을 짧고 부족하게 느낄 뿐이다. 심지어 이루었다고 생각했던 욕망조차도 겉으로 보기에만 그럴 뿐, 그것을 이룬 후엔 즉시 생겨난 새로운 욕망이 자리를 차지 한다.

*

   인간은 반성과 그에 따라붙는 여러 심리 작용으로 동물도 느끼는 즐거움과 아픔을 행복과 불행으로 격상시킨다. 그 결과 매우 큰 기쁨에 사로잡힐 수도 있지만, 지독한 절망에 빠져 자살을 감행할 수도 있다. 이러한 문제를 좀 더 면밀하게 살펴보면 다음과 같은 과정 때문임을 알 수 있다. 인간의 욕구를 충족시키는 건 동물의 욕구를 충족시키는 것보다 조금 더 어려울 뿐이지만, 인간은 더 큰 즐거움을 얻고자 일부러 자신의 욕구를 높여버린다. 그 때문에 인간은 사치, 미식, 알코올, 담배, 마약 같은 것으로 즐거움을 찾는데, 이는 고통을 유발하는 이유가 되기도 한다. 그러니까 인간은 필요 이상으로 즐거워하거나 아픔에 시달리는 것이다. 그리고 이는 타인의 시선이나 견해에 관심을 기울이는 것으로 나타난다. 이러한 견해는 육체적 쾌락이나 아픔을 뛰어넘는 거의 모든 노력의 목표가 된다. 이 목표는 수없이 많은 형태로 나타나고, 그에 따라 인간은 동물과는 다른 지적인 즐거움을 누리는 것이다. 이러한 즐거움은 단순한 유희나 대화에서부터 최고의 정신까지 그 종류도 다양하다. 그리고 이런 즐거움엔 무료함이 따르게 되는데, 이 또한 인간의 고통이다.

*

  속물은 이상적인 것에서 즐거움을 얻지 못한다. 무료함에서 벗어나기 위해 늘 현실적인 것을 필요로 하는 데, 이것이야말로 모든 속물의 고민이다. 왜냐하면 현실적인 것은 곧 고갈되어 피곤함만 안겨주거나 온갖 종류의 재난을 초래하기 때문이다. 반면, 이상적인 것은 고갈되지 않고 그 자체로 순수하며 해를 끼치지 않는다.

*

  삶을 더 괴롭히는 것은 시간이다. 빠른 속도로 지나가는 시간에 쫓겨 좀처럼 숨 돌릴 여유조차 없다. 시간은 교도관처럼 우리 등 뒤에서 회초리를 들고 감시한다. 그리고 시간은 권태라는 이름의 병에 걸린 사람들에게 아픔을 안겨준다.

＊

    인간은 과거와 미래를 생각함으로써 걱정, 두려움, 희망을 지니게 되는데, 이는 실제의 즐거움이나 아픔을 훨씬 더 크게 느끼도록 한다. 반면, 동물은 과거의 즐거움이나 아픔을 담아두는 저장소가 없기에 실제의 즐거움과 아픔만을 느낀다. 같은 아픔을 반복해 겪더라도 그것을 굳이 합산하지 않는다. 이 때문에 동물은 부러울 정도로 걱정이 없으며 마음이 평온하다.

＊

    삶이란, 즐거움을 누리기 위해 우리에게 보내진 선물이 아니다. 오히려 우리가 고되게 갚을 의무며 임무다. 그렇기에 크고 작은 모든 일에는 불행, 노력, 경쟁, 투쟁과 온 마음을 다 바치는 긴장 속에서 어쩔 수 없이 해내야만 하는 활동이 있을 뿐이다.

*

　희망에 버림받은 이는 공포에도 버림받는다. 이것이 '절망적'이라는 표현의 뜻이다. 자신의 바람과 그것을 바라기에 믿어버리는 것은 인간에게 당연한 일이어서다. 그런데 가혹한 운명에 타격을 받은 믿음이 뿌리 뽑혀버리면, 자신이 바라는 것들이 결코 이루어질 수 없다는 사실을 알게 되는데, 이것이 바로 '절망이라고 불리는 상태'다.

*

　인식 자체는 고통이 없다. 고통은 의지만 겨냥하는데, 의지가 억제당하고 방해받고 차단될 때 고통이 생긴다.

*

　우리를 속이는 것은 희망이기도 하고 희망한 것이기도 하다.

*

증오는 마음의 문제지만, 경멸은 머리의 문제다. 자아는 둘 중 어느 것도 장악하지 못한다. 마음은 변화시킬 수 없는 데다 동기에 따라 움직이며, 머리는 굳건한 규칙과 객관적 자료에 따라 판단해서다. 자아는 명에 따라 마음을 머리에 묶을 뿐이다.

*

우리가 무언가를 쫓거나, 피하고, 재앙을 두려워하거나, 즐거움을 얻고자 노력하는 것의 본질은 같다. 어떤 형태로 나타나든 우리의 끊임없는 욕망이 의식을 움직인다. 마음의 안정 없이는 결코 진정한 행복이 있을 수 없다.

*

즐거움은 우리 기대에 훨씬 못 미치고, 아픔은 우리 기대보다 훨씬 크다.

*

삶이 우리에게 무언가를 주었다면 그것은 잠시 빌려준 것에 불과하다.

*

너무 불행해지지 않는 방법은 너무 행복해지려는 욕망을 버리는 것이다.

*

행복이나 고난은 그 자체가 아니라 우리가 그것을 어떻게 맞이하느냐에 달려 있다.

허영심은 좋은 은신처가 아니야

자신을 칭찬하는 것은 허영심이고,
타인 앞에서 자신을 비하하는 것은
어리석음이다.

*

어떠한 허세도 부리지 마라. 허세는 항상 경멸을 부른다. 허세는 기만이기 때문이다. 기만은 공포심에서 생기는 것이기에 그 자체로 비겁하다. 또 허세는 자신을 부정하는 것이기에 자신의 실제 모습보다 더 낫게 돋보이려 한다는 점에서 자신에게 내리는 유죄 선고와도 같다. 마치 무언가를 가진 듯 허세를 부리고, 그것으로 잘난 척하면 되려 그것을 지니지 못했음을 고백하는 것이나 다름없다. '못이 빠진 판자는 덜컹거리는 소리를 낸다'는 스페인 속담이 이를 뜻한다.

*

　허영심은 말을 많이 하게 만들지만, 자긍심은 말수를 적게 하며 침착하게 한다. 허영심이 강한 사람은 비록 멋지게 말할 능력이 있어도 말을 하기보다 계속 침묵하는 편이 그가 원하는 타인의 높은 평가를 더 쉽고 확실하게 얻을 수 있음을 깨달아야 한다. 자긍심은 이것을 원하는 자에게는 없으며, 고작 자긍심이 있는 체할 뿐, 결국 들통이 나 자존심을 구기게 된다. 즉, 자신의 가치에 대한 자신의 확신을 가진 사람만이 진정한 자긍심을 가지게 되는 것이다. 물론 이 확신도 잘못된 것일 수 있으며, 외면적인 요인에 의한 것으로 흔히 있는 장점에 불과한 것일 수도 있다. 하지만 그것이 무엇이든 진실하다면 자긍심에 손상을 입히진 않을 것이다. 즉, 자긍심은 확신 위에 서 있는 것으로, 모든 인식과 마찬가지로 우리가 원하는 그대로 되지는 않는다.

*

　명성이란 본래 어떤 사람을 다른 모든 사람과 비교한 데서 생기는 것이다. 명성은 상대적인 것으로 상대적 가치만을 지닌다. 세상 모든 사람이 명성을 얻은 사람과 같은 것을 가지고 있다면 당연히 명성은 사라지고 말 것이다. 그렇기에 명성은 어떤 상황에서도 절대적인 가치를 잃지 않는 것이어야 하는데, 그건 그 인간만이 자체적으로 가지는 어떤 것이다. 그러니까 명성이 아니라 명성을 얻을 만하게 해주는 것이 값진 것이다. 진정으로 값진 것은 사물의 실체고, 명성은 사물의 우연한 성질에 불과하기 때문이다.

*

　자긍심의 가장 큰 장애물은 허영심이다. 허영심은 타인의 갈채를 원하고, 그 속에서 허세를 부리려 하기에 필연적으로 아첨을 일삼는다. 반면, 자긍심이 높은 사람은 이런 일을 하지 않는다. 자신을 믿으며 자신을 높이 평가하는 것, 그것이 자긍심의 전제 조건이기 때문이다.

*

정말로 무언가를 가진 사람이라면 굳이 그것을 드러내려 하지 않을 것이다. 오히려 더 담담하게 행동할 것이다. 그렇다고 누구든 무조건 자신을 되는대로 놔두고, 있는 모습 그대로 드러내 보여서는 안 된다. 우리 본성에 깃든 나쁜 성향들을 어느 정도는 숨길 필요가 있어서다. 하지만 이것은 단지 자신의 좋지 않은 점을 감추는 소극적인 행위에 불과하다. 반면, 허세를 부리는 건 적극적으로 자신을 정당화하는 일이다.

*

허세는 눈에 띈다는 것도 알아야 한다. 허세를 부린다면 그 모습이 오래 유지되지 못하고 언젠가는 가면이 벗겨지기 마련이다. 그 누구도 계속 가면을 쓰고 있을 수 없다. 아무리 감추고 싶어도 본성은 드러나기 마련이다.

나는 들꽃의 아름다움에 놀라워하며 소리쳤다.

"이렇게 완벽하지만, 아무런 주목도 받지 못하고, 때로는 누구의 눈에 띄지도 않은 채 화려하게 피었다가 시들어 버리네."

그러자 꽃이 말했다.

"바보야. 내가 남에게 보이려고 꽃을 피우겠니? 다른 이를 위해서가 아니라 나를 위해서야. 내 마음에 들기 때문에 꽃이 피는 거야. 나의 즐거움과 나의 기쁨은 꽃이 피는 것에 있고, 내가 존재한다는 것에 있어."

*

유익한 통찰을 얻지 못하는 이유는 위선 때문이다. 화려한 것은 무대 장식처럼 단순한 겉모습에 불과하고, 사물의 본질은 빠져서 없거나 부족하다.

*

인간의 어리석음은 주로 세 가지 싹을 피운다. 명예욕, 허영심, 자긍심이 그것이다. 자긍심은 어떤 점에서 자신의 우월함에 확신을 가지는 것이지만 허영심은 이러한 확신을 타인의 마음속에 일으키려는 소망이다. 허영심은 또 그 확신을 자신의 것으로 만들 수 있으리라는 은밀한 욕망이기도 하다. 자긍심은 자기 자신으로부터 출발하는 직접적인 높은 평가지만, 허영심은 그러한 것을 외부에서 간접적으로 얻으려는 노력이다.

*

세상에는 거짓말하는 존재가 딱 하나 있다. 바로 인간이다. 그 밖의 모든 존재는 있는 그대로의 모습을 숨김없이 드러내고, 느낀 그대로를 표현하는 진실함과 솔직함을 지닌다.

*

정신적 특징은 몸짓보단 얼굴에서 더 잘 드러난다. 이를테면, 이마의 형태와 크기, 긴장된 표정이나 움직임, 무엇보다 눈이 그의 특징을 드러낸다. 눈에도 여러 형태가 있다. 작고 흐릿한 돼지의 눈에서부터 온갖 중간 단계를 거쳐 빛나고 번뜩이는 천재의 눈까지. 영리한 눈빛은 근사해 보여도 의지가 깃들었다는 점에서 천재성을 띤 눈빛과 다르다. 천재성을 띤 눈빛은 의지의 차원이 아니다.

*

사람은 되도록 불쾌한 일을 잊어버리려고 한다. 허영심에 손상이 가는 일이라면 더 그렇다. 우리의 추억이 그토록 짧아지는 이유는 이처럼 기억이 떨어져나가기 때문이다.

*

모욕의 본질은 무시다. 만약 우리가 자신의 가치를 지나치게 높게 정하고 터무니없는 자만심을 품지 않는다면, 또, 자신에 대한 다른 이의 속마음을 분명히 안다면, 모욕을 받고 마음의 평정심을 잃는 일을 줄일 수 있을 것이다.

*

타인의 견해를 지나치게 높이 평가하는 것은 흔히 볼 수 있는 망상이다. 이 망상이 우리 천성이든 사회와 문명의 결과로 생긴 것이든 아무튼 이 망상은 우리에게 큰 영향을 주고 우리 행복에 나쁜 작용을 한다.

*

이기심의 본질은 인간이 사람들 속에서 사는 것이 아니라 자기 홀로 존재한다고 착각해 모든 현실을 자기에게만 맞추는 데 있다.

*

　도덕적인 면, 즉 인격은 지성과 달라 관상으로도 알아차리기 어렵다. 인격은 형이상학적인 것으로 지성보다 훨씬 깊은 곳에 있으며, 체질이나 유기체와 연관성을 가지지만 지성처럼 직접적인 관련은 없다. 대부분은 자신의 지성에 만족하며 그것을 보란 듯이 과시하고 틈만 나면 보여주려 하지만, 자신의 도덕성을 다른 이에게 보여주는 일은 드물고 대체로 숨기려 든다.

*

　아무리 그럴듯한 이유가 있더라도 자화자찬의 유혹에 넘어가서는 안 된다. 허영심은 흔히 볼 수 있지만, 공적은 흔히 접할 수 없는 일이기 때문이다.

나를 아프게 하는 것들

사물을 정확히 보는 눈을 길러야 한다.
교묘한 말과 정중한 태도 속에
숨어 있는 상대의 속셈을 파악해야 한다.

✳

　세상에는 세 부류의 귀족이 있다. 지위에 의한 귀족, 돈에 의한 귀족, 정신적 귀족, 이 중 정신적 귀족이 진정한 귀족이다. 일찍이 프리드리히 대왕은 "뛰어난 정신의 소유자는 군주와 같은 등급이다."라고 말한 바가 있다. 당시 그가 이 말을 한 이유가 있다. 그가 뛰어난 철학자인 볼테르를 왕족의 식탁에서 함께 식사하게 하자 궁내 대신이 이를 못마땅하게 여겼기 때문이다. 그 식탁에는 다른 대신들과 장군도 앉아 있었다.

*

세 부류 귀족은 모두 그들을 질투하는 무리에 둘러싸여 있다. 이 무리는 귀족에 속하는 사람에게 은밀한 적대감을 가진다. 심지어 상대가 두려워할 필요가 없는 사람이라는 판단이 서면, '네가 나보다 나은 것은 없다'와 같은 사실을 다양한 방식으로 알려주려 애쓴다. 그런데 이들이 이처럼 애쓰는 사실 자체가 상대의 우월함을 확신하고 있음을 보여주는 것이다.

*

질투에서 멀어지는 방법은 질투의 대상들과 멀어지는 것이다. 어떻게든 접촉을 피해 그들과의 사이에 큰 고랑을 만들어 간격을 넓히는 것이다. 이러한 방법을 쓸 수 없다면, 그냥 견뎌야 한다. 우리는 이런 일이 흔히 일어난다는 것을 알고 있다.

반면, 세 귀족 중 한 부류에 속하는 귀족은 다른 두 부류에 속하는 사람과 대체로 사이좋게 지낸다. 서로의 장점을 서로에게 맞춰 균형을 이루기 때문이다.

우리는 자신보다 형편이 좋은 사람보다, 자신보다 형편이 좋지 않은 사람을 봐야 한다. 실제로 시련이나 위기가 닥쳤을 때도 나보다 더 큰 고통을 겪는 사람을 보면 위안을 얻을 수 있다. 그런 다음에는 같은 고통을 겪고 있는 사람들과 어울려야 한다.

하지만 질투를 누그러뜨리기는 어렵다. 심지어 미움보다 더 어렵다. 그렇기에 애당초 질투가 생기지 않도록 스스로 조심하고 끊임없이 노력해야 한다. 세상의 많은 향락과 마찬가지로 질투는 위험한 결과를 초래하니, 이러한 향락은 누리지 않는 것이 더 나을지도 모른다.

✶

오, 모든 것을 복종시키고 흔들어대는 폭풍우 속에서 너는 조용히 있구나. 흔들리지 않고, 차분히, 네 기분을 풀어주는 햇살은 너처럼 미소 지으며, 너처럼 부드럽게, 너처럼 의연히 영원한 밝음 속에서, 슬프고 불안한 삶의 폭풍우 속에서 현자는 조용히 있다.

＊

질투는 인간의 자연스러운 감정이다. 그렇다 하더라도 질투는 악덕이며 아픈 것이다. 우리는 질투를 행복의 적으로 여기고, 자신의 마음속에서 몰아내도록 노력해야 한다. 이에 대해 세네카는 멋진 말로 우리에게 가르침을 준다.

"자신의 것을 남의 것과 비교하지 말고 즐기도록 하자. 다른 사람이 행복하다고 괴로워하는 자는 결코 행복하지 못할 것이다."

"많은 사람이 너보다 앞서 나간다고 생각하는 대신 많은 사람이 너보다 뒤처져 있다고 생각하라."

＊

사소한 어떤 단점만 개선하면 더 많은 것을 해낼 수 있는 사람들이 있다. 어떤 이들은 실천력이 약하고, 어떤 이들은 자제력이 부족하다. 이 모든 결점을 인지하면 쉽게 고칠 수 있다. 자신의 타고난 성품에 주의를 기울이면 제2의 천성을 만들 수 있다.

＊

우리가 겪는 거의 모든 고뇌는 교제에서 기인한다.

고독을 즐길 줄 아는 이는 금광을 얻은 이와 같다. 하지만 모든 이가 얻을 수 있는 것은 아니다. 곤궁에 시달리던 사람이 곤궁에서 벗어나면 무료함에 시달리기 때문이다. 곤궁과 무료함이 없다면 누구나 홀로 지낼 수 있을 것이다. 고독 속에서만 유일무이한 자신의 중요성을 본다.

＊

좋은 말일수록 간결한 법이다. 시시한 대화조차 간결하게 말하면 그리 나쁜 대화는 아니다. 여러 이야기를 섞어 말하느니 요점만 간추려 간단히 말하는 것이 더 큰 효과를 낳는다.

*

고독은 가장 자연스러운 상태기도 하다. 그러니까 고독은 우리를 최초의 인간 아담으로 만들어 자신의 본성에 맞는, 진정 행복한 상태로 되돌아가게 해준다. 하지만 아담에게는 아버지도 어머니도 없었다. 또한 고독은 전혀 자연스럽지 않다. 인간은 이 세상에 태어난 그 순간부터 가족 공동체의 일원으로 성장하기에 혼자인 적이 없다. 따라서 고독은 본질적인 성향이 아니다. 경험과 인식에 의한 것일 수도 있지만, 나이를 먹어가면서도 생기는 것이다. 전체적인 비율로 본다면 고독을 바라는 성향은 나이와 반비례한다. 어린아이는 단 몇 분만 혼자 내버려두어도 불안해하며 울음을 터뜨린다. 젊은이들은 서로 어울리는 것을 좋아한다. 그렇지 않은 젊은이들도 있지만, 이들 역시 온종일 혼자 지내는 건 바라지 않을 것이다.

반면, 어른은 혼자 있는 것이 어렵지 않다. 나이가 들수록 더 그러하다. 노인은 인생의 향락을 즐기던 시기를 지나와 그런 것에 무감각해졌으며, 고독을 자신의 본질적 요소로 생각한다. 그렇다 한들 고독의 무게감은 다를 것이다. 지적 수준이 높을수록 고독은 더 커진다. 고독은 자연스러운 경향이 아니라, 단순히 경험과 성찰의 결과로 생겨난 것이기 때문이다. 그러니까 고독은 인간 대부분이 도덕과 지성이 부족하다는 걸 통찰해 얻은 결과물에 지나지 않는다.

*

우리는 교제에서 대체로 도덕이 부족하거나 영리하지 않거나 합리적이지 못한 사람을 만나게 된다. 이는 긍정적이지 않으며 심지어 해롭기까지 하다. 비사교적인 사람은 이러한 교제를 할 필요가 없는 사람이다. 교제가 필요 없을 만큼 많은 것을 지니고 있어서다. 그에겐 이러한 사실 자체가 큰 행복일 것이다.

*

　인간은 자신의 결점이나 악덕은 깨닫지 못하고 타인의 결점이나 악덕만을 알아챈다. 그 대신 누구에게나 자신의 온갖 종류의 악덕, 결점, 악습과 역겨운 모습을 보여주는 타인이라는 거울이 있다. 하지만 인간은 거울에 비친 자기 모습이 자신임을 알지 못하고, 다른 개라고 생각하여 거울을 보고 짖는 개처럼 행동한다.

*

　내 이야기에 감동하는 사람이 없는데도 혼자 열정적으로 말한다면 어떻게 될까?

　자기도취는 경멸을 불러올 뿐이다. 스스로 치켜세운 자만은 쌓이고 쌓여 언젠가 자신에게 되돌아온다.

*

도서관에 간다고 책을 다 읽는 것이 아니다. 지식도 마찬가지다. 내 경험으로, 나의 것으로 내재화된 지식이 아니라면 가치가 없다. 지식을 내 마음대로 다룰 수 있어야 내 것이다. 정말 안다는 것은 그러므로 조합과 병합이 가능한 단계다.

*

시기적절한 조언이나 교육으로 세상이 사람들에게 많은 도움을 줄 것이라는 잘못된 생각을 없앨 수 있다면, 사람들은 더 많이 얻을 수 있었을 것이다.

*

관상학이 인간에 대한 이해를 돕는 수단인 이유는 관상은 위장술이 미치지 못하는 유일한 것이기 때문이다.

*

　그러므로 고전을 읽는 일은 정신에 회복과 활기를 줄 것이다. 클래식을 손에서 놓지 말아야 한다. 단 몇 분만이라도 고전을 통해 강인해지는 충전의 시간을 가질 수 있다. 클래식은 인간 삶의 신선한 생수 같은 것이다.

*

　"그렇지 않아?" 같은 말을 습관적으로 하는 사람이 있다. 이는 자신의 말에 자신이 없어 상대의 동의를 끌어내려는 것이다.

*

　충분히 생각하고 날카롭게 통찰한 후에 자신의 성격에 따라 행동해야 한다. 그렇지 않으면 네 행동은 너의 있는 그대로의 모습과 어울리지 않게 된다.

*

친구들은 서로 솔직하다고 하는데, 솔직함은 사실 적이다. 적의 비난은 입에 쓴 약이므로 자기 인식에 이용하면 좋을 것이다.

*

모든 고집은 의지가 인식의 자리를 억지로 차지한 것에서 비롯된다.

죽음은 소멸일 뿐

죽은 후엔 시간을 알지 못하므로
존재의 소멸도 알지 못한다.

*

삶이 원래의 상태로 돌아가는 그것이 죽음이다. 살아 숨
쉬던 생명체가 소멸하는 것은 허무한 일이라 어찌 보면 삶은
별 의미가 없으며, 인간은 가련한 존재에 지나지 않을 수도
있다. 그런데 곰곰이 생각해 보면 가련하게 볼 이유도 없다.

우리는 원래 이 세상에 없었다. 그저 잠시 살다가 태어나
기 이전 상태로 돌아가는 것이기에 사실상 잃는 게 없다. 생
각해 보라. 우리가 죽음으로 무엇을 잃게 되는가.

＊

　죽음으로 의식은 소멸하지만, 죽기 직전까진 그 의식의 창작자인 지성은 소멸하지 않는다. 다시 말해 의식은 지성이 만들지만 그 지성은 생리적인 과정에서 만들어진다. 지성은 명백히 뇌의 기능이다. 신경계와 혈관계의 작용에 제약받기 때문이다. 그러니까, 심장에서 혈액을 공급받아 생기를 띠며 끊임없이 자극받는 두뇌의 정교하고 비밀스러운 구조를 통해 우리는 외부적 세계를 인지하고, 활발하게 사고하는 것이다. 의식은 형체를 지니지 않은 것에서는 생각할 수 없다. 모든 의식의 조건인 인식은 필연적으로 뇌의 기능이어서다.

　지성은 뇌의 형태로 나타난다. 생리학적으로 말한다면 지성은 현상 속에서 생명 과정의 결과로, 홀로 나타나는 의지와 달리 2차로 나타나는 것이다. 그렇지만 유기체조차 원래 두뇌라는 형태를 취하며, 그 두뇌의 형식인 시간과 공간 속에서 나타나는 의지에 지나지 않는다. 그러므로 의식은 의지와 직접 연관되어 있지 않다. 의식은 지성의 제약을 받고, 그 지성은 유기체의 제약을 받으므로 죽음이 의식을 소멸시키는 것이다. 이는 잠이나 여러 기질로 의식이 소멸하는 것과 다름없다.

　하지만 안심하라. 대체 이것은 어떤 종류의 의식이란 말인가.

인간뿐 아니라 모든 동물 계열이 의식을 가진다고 볼 때, 그것은 뇌수의 의식, 동물적 의식, 좀 더 높은 잠재력이 있는 동물적 의식이다. 그렇기에 의식은 단순하면서도 정교한 자연의 장치이며, 동물적 존재를 도와 필요한 것을 얻게 해주는 방편이다.

＊

남녀 간의 사랑은 종족 유지에 꼭 필요한 본능이다. 인간은 사랑과 쾌락이라는 생식 행위의 결과로 태어난 결과물이다. 그러니까 인간은 생식 행위의 결과로 하나의 존재로 매듭이 만들어졌고, 그 매듭은 훗날 죽음의 손길에 풀리며 원래의 상태로 돌아간다.

＊

자살은 운명에 답변을 강요하는 하나의 질문이자 실험으로 볼 수 있다. 그러니까 자기를 죽임으로써 생존과 인식의 변화를 알아보려는 것이다. 하지만 이는 엉성한 실험이다. 자신의 질문에 답을 들을 수 있는 의식까지도 파괴해버렸기 때문이다.

＊

삶과 죽음은 서로를 의지한다. 삶은 죽음이 되고 죽음은 삶의 조건이 되어 인생의 양쪽 끝에 함께 있어왔다. 우리는 죽음을 어떻게 생각할 것인가. 복잡하게 생각할 것 없다. 생물학적 정의를 간단히 내려보자.

우리는 원래 이 세상에 존재하지 않았다. 자신이 태어난 날을 생각해 보라. 태어나기 전엔 이 세상에 없었다는 것을 누구나 알 수 있다. 그런데 우리는 '이 세상에 없던 상태'를 '죽음'이라고 말하지 않는다. 죽음은 우리가 태어났을 때 비로소 마주 보게 되는 것이다. 그렇기에 죽음은 삶을 전제로 존재한다.

*

　죽음이란 우리 존재의 가장 깊은 핵심을 구성하지 않는 개체성의 일면적 성격을 해방하는 순간이다. 참된 본연의 자유를 다시 찾을 수 있어서다. 죽은 사람들 대부분의 얼굴이 평화롭고 고요한 모습을 띠는 것은 그 때문인 것 같다.

*

　모든 생명체는 죽으면 소멸한다. 이때 우리가 잃는 것은 아무것도 없다. 살아 있을 때의 경험과 전혀 다른 것이어서다.

*

　대부분은 자신이 무에서 창조된 존재와 다르다고 느낀다. 이 때문에 죽음이 자신의 삶을 끝내게 할 수는 있으나 존재 자체를 끝내게 할 수 없다고 확신한다.

✳

"세계는 나의 표상이다."

나의 시작 명제엔 다음과 같은 명제가 따른다.

"먼저 내가 있고 그다음에 세계가 있다."

이 명제는 죽음을 소멸과 혼동하지 않게 해주는 해독제다.

✳

존재는 개체의 죽음에 관여하지 않으며, 시간과 공간의 형식을 갖지 않는다. 현실적인 모든 것은 시간과 공간에서 나타나기에, 죽음은 우리에게 소멸로서 그 모습을 드러낸다.

✳

우리는 죽음으로 무엇을 잃어버리는지 잘 알고 있다. 그러나 죽음으로 무엇을 얻는지는 알지 못한다.

＊

죽음은 절대적 소멸이 아니라 자연으로 돌아가 자연과 함께하는 것이다.

＊

인간만이 추상적인 개념으로 죽음의 확실성을 이리저리 끌고 다닌다. 하지만 이 죽음의 확실성은 아주 드물게도 어떤 특정한 순간에, 상상 속에 떠올릴 때만 인간을 불안하게 한다.

＊

인생은 어떻게든 끝마쳐야 하는 어려운 과제와 같다. 이런 의미에서 본다면, '나는 인생을 견뎌냈다.'라는 말은 멋진 표현이다.

아무리 덧없어도, 오늘이 있잖아

우리가 존재하는 건 현재의 시간이다.
죽고 나면 존재도 소멸한다.

✳

　의지의 객관화는 본래 현재의 형식이다. 현재는 연장되는 것이 아니다. 과거와 미래에 걸쳐 무한한 시간을 절단한다. 서늘한 저녁이 없는 영원한 정오와도 같다. 또, 태양이 밤 속으로 사라진 것처럼 보이지만 실제로는 끊임없이 타오르는 것과도 같다. 그렇기에 우리가 죽음을 완전한 소멸로 보고 그것을 무서워한다면, 그것은 태양이 저녁이 되었을 때, "아, 슬프다. 나는 영원한 밤 속으로 빠져들어간다"고 탄식하게 되는 것이다.

*

　우리 삶의 모든 과정은 '단 한 순간만 존재한다'일 뿐이고, 그다음에는 영원히 '존재했다'가 된다. 우리는 저녁마다 하루 정도 더 가난해진다. 만약 우리 의식 깊은 곳에 생명의 샘이 절대로 마르지 않을 것이라는 은밀한 믿음이 없었다면, 우리는 이토록 짧은 삶이 무작정 흘러가는 것을 제정신으로 받아들일 수 없을 것이다.

　이런 사실을 토대로 현재를 즐기고, 그것을 삶의 목적으로 삼는 것만이 가장 현명한 일임을 알 수 있다. 오직 현실만이 있으며, 다른 모든 것은 단지 사고의 유희에 불과하다. 그런 한편 현재만을 즐기는 건 또 매우 어리석은 일이다. 다음 순간 더는 존재하지 않는 것, 꿈처럼 허무하게 사라져버리는 것을 추구하는 것에 불과해서다.

*

　운명은 잔혹하고 인간은 가련하다. 이러한 세상이어도 원래 지닌 것이 풍부한 자의 삶은 눈 내리고 얼음이 언 12월 밤에 밝고 따뜻한 방에서 크리스마스를 축하하는 것과 같다.

*

한번 존재한 것은 더는 존재하지 않으며, 결코 존재한 적이 없던 것처럼 존재하지 않는다. 존재하는 모든 것은 다음 순간 이미 존재했던 것이 되어버린다. 이 때문에 현재가 아무리 하찮더라도 '지금 내가 사는 현실'이기에 의미 있으며, 과거보다 우월하다.

*

인간은 수많은 시간에 걸쳐 존재하지 않은 후 이곳에 존재하며, 잠시 후에 똑같이 오랫동안 다시 존재하지 않다가 어느 순간 돌연 존재하는 것이다. 사실 이 말은 지나치게 관념적이다. 하지만 시간의 관념성은 공간의 관념성과 함께 참된 형이상학에 이르는 열쇠다. 이러한 관념성에 따라 자연의 질서와 전혀 다른 질서를 인정할 수 있어서다.

＊

삶에 만족하고 긍정하는 사람은 삶을 영원한 것으로 확신한다. 반면 죽음에 대한 공포는 언젠가 현재를 잃어버릴지 모른다는 공포심에 '현재가 포함되지 않은 시간'이라도 있는 것처럼 착각해서는 현재를 몰아내버린다. 이는 시간에 관한 착각이면서 공간에 관한 착각이기도 하다. 이러한 착각은 지구에서 자신이 서 있는 곳은 위고, 그 밖의 곳은 아래로 보게 한다. 마찬가지로 모든 개체성과 결부하고, 개체와 더불어 모든 현재는 소멸한다고 생각한다. 그렇게 되면 과거와 미래는 현재 없이 존재하는 것이다. 하지만 모든 삶의 형식은 현재다. 그러므로 죽음이 우리에게서 현재를 빼앗는다 해서 죽음을 두려워하는 것은, 우리가 지금 다행히 이 둥근 지구의 정상에 있지만 거기서 미끄러져 떨어질지 모른다고 두려워하는 것과 같다.

*

삶의 무게에 짓눌린 사람, 삶을 좋아하고 긍정하지만 고뇌는 싫어하고 가혹한 운명을 더는 참을 수 없다고 생각하는 사람은 죽음으로부터의 해탈을 기대할 수 없고, 자살로 구제받을 수도 없다. 어둡고 차가운 저승이 안식처가 될 수 있다는 건 그의 착각에 지나지 않는다. 지구는 회전하여 낮에서 밤이 되고, 개체는 죽는다. 그러나 태양은 끊임없이 불타는 영원한 낮 상태다. 삶에 대한 의지에서 삶은 확실하고, 삶의 형식은 끝없는 현재다. 이데아의 현상인 개체들이 시간 속에서 소멸하는 것은 잠깐의 꿈에 비유할 수 있다. 따라서 자살은 무익한 것이고, 또한 어리석은 행동이다.

*

죽고 나서도 자신이 기억되기를 바라는 것, 이러한 소망이 큰 사람은 점차 사후의 명성까지 바라게 된다. 이는 삶에 대한 집착에서 생겨나는 것이다. 언젠가는 소멸할 것이라는 생각을 하면, 그 자신이 존재하는 지금, 비록 관념적이라 해도 이름뿐인 그림자를 붙잡으려 하는 것이다.

*

　내게 맞지 않은 일을 하는 것보다 차라리 여유롭게 즐기는 게 낫다.

　사람이 자신의 것으로 여길 만한 건 시간뿐이다. 시간은 누구에게나 공평하게 주어졌다. 귀중한 인생에서 소중한 시간을 기계적인 일을 하는 데 낭비하느니 차라리 여가를 즐겨라.

*

　멀리 있는 것들의 매력은 낙원처럼 보여 그리움을 불러일으키지만, 막상 가까이 가면 환상처럼 사라져버린다. 그러니까 행복은 언제나 미래나 과거 속에 있으며 현재는 마치 햇살 가득 찬 벌판의 한 조각 뜬구름처럼 앞뒤가 훤히 보이지만 항상 그림자를 드리운다.

*

　인간의 행복은 나무숲과 같다. 멀리서 보면 매우 아름다워 보이는 것도 가까이 다가가 그 속을 들여다보면 아름다움은 사라져버린다. 우리는 그 아름다움이 어디로 가버렸는지 알지 못한 채, 나무들 사이에 가만 서 있다. 우리가 자주 다른 이를 부러워하는 것도 이 때문이다.

*

　여행자가 언덕에 올라가서야 자신이 걸어온 온갖 굽은 길의 연관성을 인식할 수 있는 것처럼, 우리도 인생의 한 시기나 전체의 끝에 다다라서야 행위나 업적, 작품의 참된 연관성, 정확한 일관성과 연결 관계, 즉 그것들의 가치를 인식할 수 있다.

3

네가 가져야 할 것들

행복을 이끄는 원칙

행복은 '지속해서 잘하고 있는 것'이다.

✳

20대에는 의지, 30대에는 지성, 40대에는 올바른 식견이 인간을 지배한다. 캄캄한 어둠 속에서 산 고양이가 눈을 빛내듯 식견이 높은 사람은 세상을 이성의 빛으로 밝힌다. 이들은 아무것도 보이지 않는 어둠 속에서 밝고 명료한 이성으로 빛을 밝힌다. 어떠한 현실이 닥치든 그에 가장 적합한 생각을 할 줄 알기에 항상 뛰어난 아이디어를 떠올린다. 이런 기지를 가진 자는 행복할 것이다. 여기에 풍부한 취미까지 더해지면, 삶의 색채는 더 다채로워질 것이다.

＊

　우리에게는 두뇌보다 더 현명한 무언가가 있다. 삶의 고난에 부딪히면, 대부분 무엇을 해야 할지 알고 행동하는 것이 아니라 마음속 깊은 곳의 충동, 그러니까 본능에 따라 행동하는 것이다. 우리는 이 원동력을 의식하지는 못한다. 또한, 이때 '한 가지 사건은 모든 인간에게 같은 척도로 적용되지 않는다'는 것을 잊어버린다. 그렇기에 우리는 외부에서 빌려온 개념이나 일반적 원칙, 타인의 사례 등에 따라 우리의 행위를 평가하려 든다. 하지만 뒤늦게, 언젠가는 우리 행위의 모든 원인을 분명히 알 수 있게 된다. 오래 살다 보면, 객관적으로 문제를 판단할 능력이 생겨서다.

＊

　만약 악마 같은 창조주가 있었다면, 우리는 그가 만든 것에 이렇게 항의할 수 있을 것이다.
　"그대는 왜 세계에서 고요하고 성스러운 안정을 거둬들였는가? 무엇 때문에 이처럼 무모한 일을 했는가? 어쩌자고 그토록 많은 불행과 고뇌를 불러일으켰는가?"

✱

인생을 체스에 비유할 수 있다. 체스에서는 상대방이, 인생에서는 운명이 어떤 수를 쓰는지에 따라 제약받는다. 우리가 계획한 것들은 대체로 많은 수정이 가해지기에 그것이 실현되었을 때는 몇 가지 기본 원칙을 제외한 것들 대부분이 달라진다.

그러니까 우리 인생은 우리의 예측을 넘어서는 무언가가 있다. 그건 우리가 생각 이상으로 어리석다는 사실이다. 평범하지만 자주 확인되는 진리다. 이 부분에서 현명해지려면 우리는 좀 더 많은 경험을 하고 좀 더 깊이 사색해야 한다.

✱

행복은 도대체 무엇인가?

행복은 활동 그 자체다. 행복하다는 것은 내가 지금 잘 살고 있다는 뜻이다. 어째서 내가 잘 산다고 느끼는지 알 수 없지만 어쨌든 잘 살고 있음을 보여주는 방증이 행복이다. 그러니까 행복은 '지속해서 잘하고 있는 것'이다.

*

내면적 자아에는 신비로운 예언이 있어 우리는 무의식적으로 그것의 지시를 받는지도 모른다. 자주 흔들리고, 헷갈리며, 걸핏하면 생각이 바뀌는 의식으로는 우리의 삶에 통일성을 줄 수 없지만, 예언적 꿈들을 통해 우리 삶에도 극적인 통일성이 부여되는 것이다. 꿀벌이 벌집을 만들어가듯 그것을 목표로 노력하는 것이다. 이를 발타사르 그라시안은 '위대한 진실'이라고 말했다. 이것은 우리 자신의 본능적인 보호라 할 수 있는데, 이것이 없었다면 인간은 파멸하고 말았을 것이다. 추상적 원칙에 따라 행동하는 것은 어려운 일이며 많은 훈련을 거쳐야 비로소 성공을 거두게 되지만, 이 경우에도 매번 성공하는 것은 아니다. 또한, 이 원칙이 충분하다고 할 수도 없다. 이와 반대로 모든 사람은 이 세상에 태어났을 때부터 구체적 원칙을 갖고 있는데, 이 원칙은 사고력, 느낌, 의지의 성과다. 우리는 이 원칙을 추상적으로는 알지 못하지만, 자신의 삶을 되돌아보면 비로소 깨닫는다. 그것이 어떤 원칙이냐에 따라 행복으로 이끌 수도, 불행으로 이끌수도 있다.

＊

애벌레는 번데기가 되고, 번데기로서의 한 시기를 잘 견뎌
내면 마침내 나비가 되어 날개를 펼치는 순간에 이르게 되
는데, 이때 나비는 애벌레 시절부터 꿈꿔왔던 자신의 온전한
형태를 가지게 된다. 이는 곧 나비가 지금뿐 아니라 애벌레
시기에서부터 잘해왔음을 보여준다. 그러니까 나비로 완성
되어 형태의 궁극인 비상을 하게 된 바로 그 지점에서 나비
의 모든 시기가 행복했던 것으로 입증된다. 그 과정은 힘들
었고, 때로 실패를 겪기도 했고, 생명의 위협을 받기도 했겠
지만, 그와 상관없이 나비는 결국 자신의 원하는 바를 이루
어낸 것이다. 그렇기에 그의 모든 활동과 실존은 행복이다.

이는 인간에게도 적용된다. 우리가 원했던 형상이나 상태
를 얻는 것은 성숙이다. 행복은 성숙한 인간이 되어가는 모
든 과정의 연속인데, 성숙한 인간이 되어가는 그 과정 역시
포함된다. 그러니까 인간의 목표가 행복이라면, 그 목표를
향해 나아가는 모든 순간은 이미 행복이다.

✳

　지혜는 날카로워야 한다. 작은 일조차 바로 파악하지 못하고 생각이 복잡해지는 건 좋지 않다. 지혜는 근성만으론 그 무엇도 되지 않는다.

　인간의 행복을 막는 두 개의 적은 아픔과 무료함이다. 궁핍과 결핍은 아픔을 낳지만, 안전과 과잉은 무료함을 낳는다. 한쪽이 멀어질수록 한쪽이 다가온다. 그 반대 경우도 마찬가지다.

·

✳

　우리가 행복하기 위해서는 잘 살아야 한다. 그런데 잘 사는 것은 무엇인가. 특수한 기술이나 기능을 가져야 하는 것은 아니다. 잘 산다는 것은 인간성이 원활하게 발휘되고 있음을 뜻한다. 즉, 인간성이 행복의 시작과 끝인 셈이다.

*

　인간성은 인간다운 기능이다. 인간의 기능은 생식, 감각, 사유로 나뉜다. 생식은 식물도 하는 일이며, 감각은 동물에게도 있다. 하지만 사유는 오직 인간만이 할 수 있다. 인간은 사유를 통해 인간다워지며, 사유를 삶의 본질로 둔 인간만이 인간성을 잃지 않는다. 따라서 행복은 사유다. 생각하며 사는 것이야말로 선한 삶이고, 그러한 삶을 추구하는 것이야말로 진정한 행복이다.

*

　삶에서 가장 큰 열매를 맺게 해주는 세 가지가 있다. 풍부한 지성, 투철한 판단력, 자신에게 어울리는 품위 있는 취미다. 풍부한 상상력도 좋은 재능이지만, 이성적으로 판단하고 사물을 통찰할 수 있는 식견을 갖추는 것이야말로 좋은 재능이다.

*

삶에 많은 것을 바라고 삶의 행복을 넓은 토대 위에 세우지 않도록 조심해야 한다. 이러한 행복은 쉽게 무너질 수 있으며, 더 많은 위기를 불러들인다. 행복이란 건물은 토대가 넓을수록 단단한 다른 모든 건물과 다르다. 그렇기에 자신의 균형에 따라 되도록 자신의 바람을 낮추는 것이야말로 위기를 피하는 가장 좋은 방법이다.

*

자기 자신을 조금씩 바꾸어가라. 사람은 어디에서든 똑같은 모습을 타인에게 보여서는 안 되고, 누구에게든 자기 힘을 똑같이 드러내서도 안 된다. 사람들에게 맞추어 자신의 모습을 바꾸어라. 꼭 필요할 때 네 능력을 보여라.

*

　신중하지만 용감하게 행동하라. 상대가 죽은 사자처럼 굴면 토끼도 그 갈기를 가지고 놀 것이다. 용기는 중요한 감정이지만, 한번 꺾이면 연달아 꺾이게 된다. 만약 똑같은 위기를 헤쳐나가야 한다면 처음부터 용감히 헤쳐나가는 것이 좋다.

*

　이루지 못한 소망으로 인한 고뇌는 후회에 비할 바가 아니다. 소망은 늘 열려 있으며, 크고 넓은 미래를 대하는 것이지만, 후회는 이미 지나가 돌이킬 수 없는 과거를 대하는 것이기 때문이다.

　최고의 쾌락으로 인생의 행복을 재려는 자는 잘못된 잣대를 잡은 것이다. 쾌락은 어디까지나 소극적인 것이어서다. 쾌락이 행복을 준다는 생각은 질투심이 자신을 벌하고자 품는 망상이다. 반면, 아픔은 적극적으로 느껴진다. 아픔이 없다는 것은 삶의 행복을 재는 잣대다. 무료하지 않기에 아픔 없는 상태에 이르렀다면 사실상 지상의 행복에 도달했다고 할 수 있다. 그 밖의 모든 것은 환영이기 때문이다. 그렇기에 아픔의 위험을 감당하면서까지 쾌락을 맛보려 해서는 안 된다. 그건 소극적인 것, 즉 환영과 같은 것을 맛보는 대가이며 적극적이고 현실적인 것을 외면하는 것과 다름없다. 이와 반대로 아픔에서 벗어나기 위해 쾌락을 희생한다면 이득을 얻는 것이다.

＊

철학과 예술이 왜 존재하겠는가. 결국 아름다움이 인류 문제해결의 열쇠기 때문이다. 사물의 본질은 우리 정신의 무의식 속에서 고찰된다. 성공한 예술작품이나 존경받는 철학 사상은 우리에게 직관적 답을 준다. 음악, 미술, 무대, 문학이 존재의 본질에 대해 논할 때 경청하라.

건강한 신체에 건강한 정신

정신이 풍요로워질수록
내면의 공허가 들어찰 공간도 줄어든다.

*

즐거움에 가장 큰 도움이 되는 건 물질적 부가 아니라 건강이다. 하층 노동 계급, 특히 땅을 일구며 사는 사람들은 명랑하고 만족한 얼굴을 하지만, 부유하고 고상한 사람들은 흔히 언짢은 얼굴을 하고 있다. 우리는 즐거움이 활짝 꽃필 수 있도록 무엇보다 높은 수준의 건강을 유지해야 한다. 이를 위해선 무절제와 방탕, 격하고 불쾌한 감정의 동요, 과도하고 지속적인 정신적 동요를 피하고, 냉수욕과 식이요법 등의 건강 관리에 힘쓰는 것이 좋다. 매일 적당한 운동을 하지 않으면 건강을 유지할 수 없다.

*

　물론 삶의 즐거움이 건강 하나에만 달린 것은 아니다. 건강함에도 우울증에 시달리거나 슬픈 감정을 느낄 수 있어서다. 이는 인간이 원래 가지고 있는 성질 때문일 것이다. 또, 대부분 민감성과 재생성의 정도에 따라 달라지기도 한다. 다른 이보다 감수성이 예민한 사람은 감정의 기복이 심하여 과도하게 즐거워하거나 지나치게 우울해하는 일을 주기적으로 반복할 수도 있다. 특히 천재는 '과도한 감수성'이라는 특징이 있기에 아리스토텔레스도 다음과 같은 말을 했을 것이다.

　"철학이든 정치든, 문학이든 예술이든 탁월한 인간은 모두 우울한 것 같다."

　어떠한 일의 결과는 행복을 가져올 수도 있고, 그렇지 않을 수도 있다. 이러한 가능성이 반반일 때, 우울한 사람은 불행이 닥치면 매우 괴로워하며 화를 내고, 행복한 일을 맞이해도 그다지 기뻐하지 않는다. 반면, 즐거움을 아는 사람은 불행한 일을 당하고도 그리 괴로워하지는 않지만, 행복한 일을 맞이할 땐 크게 기뻐한다.

✳

즐거워하는 사람은 언제나 그럴 만한 이유가 있다. 말하자면 그가 즐거워한다는 사실이 바로 그 이유다. 이 특성을 완전히 대체할 수 있는 것은 존재하지 않는다. 그러므로 즐거움이 우리를 찾아오면 언제라도 문을 활짝 열어줘야 한다. 즐거움이 잘못된 때 찾아오는 법은 결코 없어서다. 하지만 우리는 모든 면에서 만족할 이유가 있는지를 따지며 즐거움을 받아들이는 데 주저하곤 한다. 또한 즐거움이 어려운 문제를 놓치게 하고, 걱정해야 하는데도 그러지 못하게 할까봐 주저하기도 한다. 걱정과 근심이 개선할 수 있는 것은 없다. 반면 즐거움은 직접적인 이득이 된다. 즐거움만이 행복의 진짜 주화 같은 것이다. 다른 모든 것처럼 어음 같은 것이 아니다. 지금 바로 이 순간의 행복을 주어서다.

✳

건강할 때 온갖 부정한 것들에 저항할 수 있도록 몸을 단련해야 한다. 그러나 신체에 병이 깃들었다면 즉각 단련을 멈추고 어떤 방식으로든 잘 보살피고 돌보아야 한다.

행복의 90퍼센트는 건강에 달려 있다. 건강이 모든 즐거움의 원천이다. 건강하지 못하면 무엇을 가졌든 그것을 즐길 수 없다. 정신적 특성, 감정, 기질 등의 자신 또한 병약함에 기가 꺾이고 크게 위축되고 만다. 그렇기에 사람들은 인사말로 서로의 건강 상태를 묻기도 하고, 서로의 건강을 기원하는 것이다. 이처럼 중요한데도 생업, 승진, 학력, 명예 등의 이유를 들며 건강을 희생하는 것은 매우 어리석다. 성적 쾌락이나 찰나의 향락을 위해서라면 더 말할 것도 없다. 건강이 있어야 그다음이 있는 것이다.

*

근육은 많이 쓸수록 강해지지만, 신경은 많이 쓸수록 약해진다. 이 때문에 근육은 적당히 긴장시켜 단련해야 하지만 신경은 절대 긴장하지 않도록 해야 한다. 이를테면, 눈은 밝은 빛, 특히 반사된 빛에 노출되면 안 되고, 어두운 곳에서 혹사해서도 안 되며, 작은 물체를 오랜 시간 보고 있어도 안 된다.

✷

모든 생리적 과정이 순조롭게 진행되려면 그 과정이 일어나는 개별적 운동뿐 아니라 전체적 운동도 필요하다. 아리스토텔레스는 "생명의 본질은 운동에 있다"고 말한 바가 있는데, 이는 옳은 말이다. 생명은 운동에 그 본질이 있다. 유기체의 내부 전체는 끊임없이 활발한 운동을 한다. 심장은 확장과 수축이라는 복잡한 이중 운동을 하며 격렬하게 고동친다. 스물여덟 번의 박동으로 대순환과 소순환을 하는 것으로 혈액을 몸 전체에 공급한다. 폐는 증기 기관처럼 쉼 없이 펌프운동을 한다. 장은 연동 운동을 하며 계속 꿈틀거린다. 모든 샘은 흡수와 분비 작용을 멈추지 않는다. 뇌조차 맥박과 호흡에 따라 이중 운동을 한다.

✷

외부의 이득을 얻기 위해 내부적인 손해를 자초하는 것, 즉, 부귀영화, 지위, 사치, 명성, 명예를 얻고자 정신적 안정, 여가, 독립을 전부, 혹은 부분적으로 희생하는 것은 어리석은 일이다.

＊

인간은 정신적 장점을 자랑스럽게 여긴다. 동물보다 우월한 이유가 바로 거기에 있다고 생각해서다. 하지만 다른 이에게 자신의 정신적 우월감을 드러내는 것은 참으로 대담한 일이다. 대체로 사람들은 그런 일을 당하면 모욕을 줘서 복수할 기회를 엿보기 때문이다.

＊

나무조차도 무럭무럭 자라려면 바람을 통한 운동이 필요하다. 이 경우에 '무릇 운동이란 빠를수록 더욱 운동다운 것이다.'라는 말로 매우 간결하게 표현되는 규칙이 적용된다.

＊

화난 눈초리가 아니라 현명한 눈초리를 하는 자가 무섭고 위험해 보인다. 사자의 발톱보다 인간의 두뇌가 더 무서운 무기다.

*

　인간의 성격, 감정뿐 아니라 지성, 즉 두뇌도 타고난 것으로 볼 수 있을 것이다. 하지만 성격이나 감정이 변하듯 지성도 여러 변화를 겪는다. 이러한 변화는 대체로 규칙적으로 일어난다. 지성은 육체적인 토대와 경험적 소재를 지니기 때문이다.

*

　불면증은 걱정할 만한 증상이다. 불면증을 벗어나려면 매일 두 시간씩 혼자 빠른 속도로 산책하는 것이 좋다. 온천 목욕만큼이나 도움이 되면서 비용도 들지 않는다.

*

　정신은 자유민이지 부역자가 아니다. 정신이 제가 좋아서 어떠한 일을 기꺼이 하는 것이며, 거기에 빠진 것이다.

＊

건강은 외적인 어떤 재화보다 중요하기에 병든 왕보다 건강한 거지가 더 행복하다고 할 수 있다. 완벽한 건강과 조화로운 신체에서 비롯된 차분하고 명랑한 기질, 생기 있으며 올바르게 파악할 수 있는 분별력, 온건하고 부드러운 의지, 그에 따른 한 점 부끄럼 없는 양심, 이런 것은 지위나 부로 대신할 수 없는 장점이다.

＊

사람의 인식 능력은 정신적 감수성에 달려 있다. 정신적 감수성이 클수록 인식 작용으로 얻을 수 있는 즐거움, 이른바 정신적 즐거움을 더 크게 느낄 수 있다.

＊

사람이 인격을 가장 잘 드러내는 일은 사소한 것이며, 방심할 때 일어난다.

*

　행복의 가장 중요한 조건은 건강한 신체에 깃든 건강한 정신이다. 그렇기에 우리는 물질적 부나 명예를 얻는 데 힘을 쓰기보다 건강한 신체와 건강한 정신을 키우고 유지하는 데 힘써야 할 것이다. 그런데 이 모든 자산 중 우리를 가장 행복하게 해주는 것은 즐거운 마음이다. 즐거운 마음은 즉각 보답을 주기 때문이다.

*

　무료한 사람은 형편없는 일을 하며 시간을 보내거나 다른 집의 창문 안을 엿본다. 온갖 종류의 사교와 오락, 여흥, 사치를 병적으로 추구하는 것도 이 때문이다. 이런 잘못된 길로 빠지지 않게 우리를 지켜주는 건 내면의 풍요, 즉 정신의 풍요다.

재산은 네 방호막이다

인생의 과제는 무엇보다
어떻게든 밥벌이를 해
목숨을 유지하는 것이다.

✱

돈을 욕망하거나 사랑하는 건 종종 비난의 대상이 되기도 한다. 하지만 변신에 능한 프로테우스처럼 변화무쌍하면서도 다양한 인간의 욕망을 언제든 충족시켜줄 돈을 사랑하는 건 자연스러우면서도 불가피한 일이다. 음식은 배고픈 사람에게, 포도주는 건강한 사람에게, 약은 환자에게 좋다. 이러한 것들은 특정한 목적에 필요한 재화일 뿐이다. 누군가에겐 좋을 수 있으나 누군가에겐 그렇지 않을 수도 있다. 모든 이에게 좋은 것은 돈뿐이다. 돈은 단 하나의 욕망에만 소용되지 않고 모든 욕망에 소용되기 때문이다.

*

인간이 얼마나 많은 재산을 원하는지, 그 한계를 설정하려면 못 할 것도 없겠지만, 지극히 어려운 일이다. 각자 원하거나 만족하는 양은 절대적인 양이 아니라 상대적인 양이기 때문이다. 재산만 따로 떼어놓고 생각한다는 것은 분모 없는 분자처럼 의미가 없다. 어떤 사람은 애초 얼마만큼의 재산을 가져야 하는지 생각조차 않는다. 재산이 없어도 별 어려움을 느끼지 않으며 만족해서다. 반면, 어떤 사람은 그보다 백배는 더 많은 재산이 있어도 자신이 원하는 한 가지가 없다는 이유로 우울해한다. 이 두 사례를 통해 알 수 있는 것은 인간은 각자 도달하기를 원하는 자신만의 지평선을 가지고 있다는 것이다.

개개인의 요구는 이 지평선의 범위 내에서 움직인다. 자신이 그어둔 지평선 안에서 자신이 원하는 것을 얻는다면, 그는 행복하다고 생각할 것이고, 얻지 못한다면 그는 불행하다고 생각할 것이다. 다만, 지평선 밖에 있는 것들은 그에게 어떤 영향을 미치지 못한다. 그 때문에 부자의 막대한 재산은 가난한 이를 힘들게 하지 않는다. 반면, 부자는 자신의 계획이 실패로 돌아가면 이미 많은 재산을 지녔음에도 고통을 겪는다. 부는 바닷물과 같아서 마시면 마실수록 목이 마르다.

만약 어떤 이가 부를 잃었다면, 그는 최초의 고통을 이겨 낸 후에는 예전의 기분을 되찾을 수도 있다. 부가 줄어들면 스스로 요구 수준을 낮추기 때문이다. 비록 그 과정은 힘들 수 있으나 결론이 나면 그의 괴로움은 점점 줄어들다가 결국 더는 느끼지 않게 될 것이다. 즉, 상처가 아문 것이다. 반대로 행복한 일이 생겼을 땐 욕망을 짓누르던 압축기가 밀려 올라감으로써 욕망이 확대된다. 이때 즐거움을 느낀다. 하지만 이 즐거움 역시 오래가진 않는다. 확대된 요구 수준에 익숙해져 그 수준에 맞는 부에 별 감흥을 느끼지 못해서다.

인간처럼 물질을 필요로 하고, 많은 욕구로 이루어진 종족에게는 부가 다른 어떤 것보다 더 적나라한 숭배의 대상이라는 사실은 그리 놀랄 일도 아니다. 돈을 제외한 모든 것은 돈을 버는 목적 아래에서 무시되거나 망가지고 있으며, 심지어 권력조차 오로지 부를 얻는 수단이 되었다.

　대부분의 예술 재능은 무상하기에 언젠간 사라져 돈벌이가 중지될 수 있다. 또, 좋았던 경기가 나빠지고, 돈을 벌 수 있던 특수한 상황이 끝날 수도 있다. 수공업자라면 번 만큼 쓰며 살아도 가난으로 가지는 않을 것이다. 제품을 만드는 능력은 쉽게 사라지지 않고, 직공의 손을 빌려 보충할 수도 있고, 그들이 만든 제품은 사람들이 욕구하는 대상이기에 언제든 팔 수 있어서다. '수공업은 황금 나무다.'라는 속담은 옳다. 다만 모든 종류의 예술가나 거장이 이에 해당하는 것은 아니다. 바로 이 때문에 이들이 높은 보수를 받는 것이다. 이들은 번 것을 자본으로 축적해야 한다. 그러지 않고 이러한 돈을 이자라고만 여긴다면 파멸을 맞는다.

　많은 재산을 물려받았다는 건, 인간의 생활에 따라다니기 마련인 결핍과 고난의 면제이며, 누구에게나 부과된 힘든 노동으로부터의 해방이다.

*

　상속 재산을 가진 이들은 무엇이 자본이고 이자인지 금방 알아차린다. 그렇기에 이들 대부분은 자본을 안전하게 두고자 노력하고, 쉽게 손을 대지 않는다. 가능하면 적어도 이자의 8분의 1이라도 저축해 돈줄이 막히는 경우를 대비한다. 이들이 대체로 잘사는 것은 이 때문이다. 상인은 또 다르다. 이들에겐 돈 자체가 벌이를 위한 수단이다. 이들은 전적으로 자신들의 힘으로 돈을 벌고, 이를 이용해 재산을 유지하고 더 늘리려 한다. 이 때문에 상인은 그 어떤 계층보다 더 부유하게 산다.

*

　손에 든 재산은 앞으로 일어날 재난과 사고에 대비한 방호벽으로 여겨야 한다. 세상의 즐거움을 얻게 해주는 허가증으로 여겨서는 안 된다. 원래 재산이 없었는데, 자신의 재능으로 돈을 번 사람들은 재능을 고정자본으로 소득을 이자로 착각하기 쉽다. 이 때문에 이들은 돈을 모으지 않고 번 만큼 써버린다. 그 결과는 가난이다.

가난을 소문으로만 들어 아는 사람들보다 가난을 경험한 사람들이 더 빈곤과 궁핍을 두려워하지 않는다. 이 때문에 낭비하는 경향이 있다. 행운과 특수한 재능으로 상당히 빨리 가난에 벗어나 부자가 된 이들이 여기에 속한다. 반면, 유복한 집안에서 태어나 계속 부유한 사람은 더 많이 미래를 생각하고, 그 때문에 더 경제적이다. 부는 부유한 집안에서 태어난 사람에겐 없어서는 안 되는 것으로, 공기와 마찬가지로 유일하게 생활을 가능하게 해주는 요소로 여겨진다. 그렇기에 처음부터 부를 지녔던 자는 부를 자신의 생명처럼 지키고, 대체로 규율이 바르며 신중하고 검소하다. 하지만 가난한 집안에서 태어난 사람은 빈곤을 자연스럽게 받아들이고, 어쩌다 부가 굴러들어오면 향락과 낭비를 위한 여분으로 받아들인다. 그렇기에 부가 다시 사라져도 예전처럼 그럭저럭 살아갈 수 있으며, 오히려 걱정거리가 하나 없어졌다고 여겨버린다. 셰익스피어의 다음과 같은 말은 이를 표현한 것이다.

"'말을 탄 거지는 말이 죽을 때까지 달린다'는 속담은 그대로 맞아떨어졌구나."

＊

개개인은 바라는 모든 것 중 극히 일부만 손에 넣는다. 반면, 수많은 재앙은 누구에게나 닥치는 일이기에 우리의 소망에 하나의 목표를 세워 욕망은 억제하고 분노는 제어해야 한다. 즉, '단념하고 견뎌 내야' 한다. 이러한 원칙을 지키지 않는다면 부와 권력이 있어도 초라하다고 느낄 수밖에 없다.

＊

물려받은 재산이 있음에도 빈둥거리는 사람은 밥만 축내기에 업신여김을 당할 만하다. 이러한 사람은 행복해질 수 없다. 빈곤을 피한 대신 무료함에 시달리기 때문이다.

＊

실제로 필요한 것 이상의 부는 행복에 그다지 큰 영향이 없다. 많은 재산을 유지하기 위해 쓸데없는 걱정까지 해야 하기에 오히려 행복에 방해된다.

*

　현미경을 들이대면 물방울엔 섬모충이 우글거리고, 수많은 치즈벌레가 보인다. 이들의 활발한 움직임과 투쟁은 우리를 웃게 한다. 그토록 좁은 공간에서 극히 짧은 시간, 왕성하고 진지하게 활동하는 그 모습, 인간 생활의 세부를 들여다보면, 이 같은 인상이지 않을까.

*

　벌어들인 재산이든 물려받은 재산이든 그것을 유지하기 위해 애쓰기를 간곡히 권고했다고 해서 나의 펜에 어울리지 않는 일을 했다고 생각하지 않는다. 왜냐하면, 일하지 않고 편히 살아갈 수 있다는 것은 무엇과도 비교할 수 없는 혜택이기 때문이다.

*

　어리석은 자들만이 재산보다 지위를 선호할 뿐이다.

*

    인간은 밤마다 매일 더 가난해진다. 인간의 수명은 영원에 비하면 너무 짧기 때문에 화가 날 때가 있다. 현재를 즐기고 그것을 삶의 중요한 원칙으로 삼아야 한다. 오직 현재만이 실제 존재하는 시간이라는 점을 유념해야만, 사라져버리는 것들에 대해 고민하지 않게 된다.

즐거움에도 노력이 필요하다

새로 태어난 모든 존재는 참으로 신선하다.
하지만 대가 없이 주어지는 것은 없다.

*

　분노는 즉시 그 원인을 매우 크게 확대하고 왜곡시켜서 사람의 마음을 현혹한다. 이 현혹은 다시 분노를 높이고, 높아진 분노에 비례해 현혹도 높아진다. 이런 식으로 상호작용을 하다 보면, 어느 순간 분노가 폭발해버리는 것이다. 이런 상황을 방지하기 위해서는 먼저 자신의 마음을 잘 다스려 분노의 원인이 된 사건을 머리에서 내쫓도록 하는 것이 좋다.

*

감각적 행복을 목표로 삼고, 그것을 이루고자 바쁘게 살아가는 사람은 그야말로 행복하다. 만약 이미 재산을 가지고 있다면 그는 반드시 무료함에 빠지기 때문이다. 그렇게 되면 무료함을 이기고자 무도회, 연극, 사교, 카드놀이, 도박, 승마, 여자, 음주, 여행 등 생각해낼 수 있는 온갖 것을 시도하게 된다. 하지만 정신적 욕구의 부족으로 정신적 향락을 맛볼 수 없기에 무엇을 하든 무료함을 달랠 수 없다. 그 때문에 동물과 같은 아둔하고 무미건조한 진지함이 속물의 고유한 특성이 된다. 그런 자는 무슨 일에도 기뻐하지 않고 자극을 느끼지 못하며 관심을 보이지 않는다. 감각적 향락은 바로 사라지기 때문이다. 이러한 이유로 속물들의 사교계는 곧 지루해진다. 다만 그 나름의 향유는 아직 남아 있는데, 그것은 허영심이다. 허영심은 타인보다 더 많은 부, 지위, 권력, 세력으로 존경받으려는 마음이거나, 같은 속물 중에서 걸출한 사람과 인맥을 쌓아 그의 후광을 즐기려는 마음이다.

이로써 타인과 관련한 속물의 특성을 또 하나 살필 수 있다. 즉, 속물은 신체적 욕구밖에 없으므로 정신적 욕구가 아닌 신체적 욕구를 채울 수 있는 사람을 찾는다. 이 때문에 그는 사람들에게 정신적 능력을 요구하는 일은 거의 없다. 오히려 그는 상대가 정신적 능력으로 대하면 혐오감, 심지어 증오감까지 느낀다. 그와 동시에 그는 불쾌한 열등감과 막연하고 은밀한 질투를 느끼고, 이러한 감정들을 숨기려 드는데, 이는 또 질투심을 더 크게 키워 급기야 상대를 원망하는 마음마저 가지도록 한다. 이로 인해 그에게는 가치를 평가하거나 누구를 존경하고 싶은 마음이 절대 생기지 않는다. 그는 오직 지위, 부, 권력, 영향력만 존경할 것이다. 그는 그런 점에서 다른 이보다 뛰어나기를 바라기에 그의 눈에는 그런 것들만 장점으로 비친다. 이 모든 일의 원인은 그가 '정신적 욕구가 없는 인간'이라는 데 있다.

*

지성의 크기는 외적인 성질이 아닌, 내적인 성질을 띠고 있다. 그렇기에 지성은 수많은 사람을 의연히 대할 수 있고, 수천 명의 바보가 모여들어도 사람을 겁주지 못한다.

*

인간은 대체로 순간의 가치를 즐기지 못한다. 반면, 동물은 단지 살아 있다는 것만으로 만족한다. 인간은 이를 악용해 때로는 동물을 착취한다. 이를테면, 저 하늘 위를 자유롭게 날아다니는 새를 잡아선 좁은 새장 안에 가두어 키우는 것이다. 새는 새장 속에서 죽음과 가까워지며 이렇게 외친다.

"새장 속에 갇힌 나는 기분이 좋지 않아. 내가 노래하는 것은 기뻐서가 아니라 분노해서야."

그리고 인간은 충직한 친구이자 영리한 개를 쇠줄에 묶어두기도 한다. 그런 처지에 놓인 개를 볼 때마다 동정하는 한편 개 주인에게 강한 분노가 치민다. 그렇기에 나는 타임스(The Times)에 실린 한 기사를 읽고는 통쾌함까지 느꼈다. 아주 큰 개를 쇠사슬에 묶어둔 한 귀족에 관한 이야기다. 그는 넓은 뜰을 거닐다가 개를 어루만지려 팔을 내밀었는데, 개는 그 팔을 물어버렸다. 정말이지 당연히 일어날 만한 일이다. 개는 그 순간 이렇게 말하고 싶었을 것이다.

"너는 내 주인이 아니다. 나의 짧은 삶을 지옥으로 만든 악마다."

개를 쇠사슬에 묶어두는 자는 누가 되었든 이런 봉변을 당해도 싸다.

*

　인간은 자신이 키우는 동물을 보며 즐거움을 얻을 수 있다. 동물은 현재에 완전히 몰두하기 때문이다. 그러니까 동물은 현재의 화신으로, 인간에게 오늘의 중요성을 어느 정도 깨닫게 해준다.

*

　물질계의 빛에 해당하는 것이 의식의 세계에서는 지성이다. 생명은 하나의 연소 과정이고, 지성은 그 과정에서 일어나는 빛의 발생이기 때문이다.

*

　젊은이들을 불안하고 우울하게 만드는 것은 '인생에서 반드시 행복을 찾아야 한다'는 말들이다. 이로 인해 끊임없이 헛된 희망이 생겨나고 불만도 생기게 된다.

*

　우리의 행복에서 우리를 이루는 것, 즉 인격이 가장 중요하다. 인격은 어떤 상황에서도 한결같이 효력을 발생하기 때문이다. 또 인격은 다른 두 가지 범주의 자산과 달리 운명에 종속되지 않으므로, 우리에게서 그것을 빼앗아 갈 수 없다. 재산이나 명예가 상대적 가치를 지닌 것과 달리 인격은 절대적 가치라 할 수 있다.

*

　우리에게 찾아온 즐거움은 모두 오류이자 망상이다. 그 이유는 이루어진 소망은 지속해서 만족감을 주지 못하고 우리가 가진 소유물이나 행복 또한 시간을 정하지 않고 우연에 빌려온 것이기에 당장 내일이라도 돌려달라는 요구를 받을 수 있어서다.

*

　정신적 욕구가 없는 인간을 '필리스터(속물)'라고 한다. 이 단어는 독일어의 고유한 표현인데, 원래 대학 생활에서 시작되었다. 그러다 좀 더 고상한 의미로 '뮤즈의 아들과 반대되는 인간'을 가리키는 말로 확장되었다.

　즉, 속물은 예술적 감각이 없는 인간을 말한다. '진정한 욕구가 없으면 진정한 즐거움도 없다.'라는 말처럼, 속물은 인식과 통찰에 그 어떤 충동도 없으며, 미적 즐거움에 대한 욕망도 없으므로 그의 생활은 활기를 띠지 않는다. 그가 즐길 수 있는 현실적 즐거움은 감각적 즐거움일 뿐이다. 그러므로 굴과 샴페인을 즐기는 것을 최고의 가치로 여기며, 신체의 행복을 위해서라면 무엇이든 손에 넣는 것을 인생의 목표로 둔다.

*

　많은 것이 습관 때문이라 여겨지지만 사실 원래 타고난 성격에 기인한 것일 수 있다. 그렇기에 우리는 같은 상황에서 늘 같은 행동을 한다.

우리를 불쾌하게 만드는 모든 일은 아무리 하찮은 것이라 해도 우리 정신에 어떤 여파를 남긴다. 이 여파가 계속되는 한 우리는 명확하고 객관적인 상황 파악을 할 수 없으며, 그 일에 대한 생각만이 우리의 머릿속을 지배한다.

육체적 장점이나 정신적 장점은 시간의 힘 앞에 점차 굴복하고 만다. 하지만 도덕적인 성격만큼은 시간도 어찌할 수 없다.

동물을 연민할 줄 아는 마음은 선한 인격과 밀접하게 관련이 있기에 동물에게 잔인한 사람은 선한 사람이 될 수 없다고 자신 있게 주장할 수 있다.

*

되도록 그 누구에게도 적대감을 품지 않는 것이 좋다. 하지만 사람의 인격은 변하지 않기에 사람들의 행동을 잘 새겨 기억해두어야 한다.

*

불행을 막고 싶다면 어느 정도의 노고와 시간, 돈을 들이고, 불편함과 번거로움, 결핍을 감수하는 것을 두려워하지 마라.

행복을 알아차리고, 만끽해

어떤 이는 미래 속에서 살고 있다.
불안과 걱정이 많은 이가 그러하다.

*

우리가 무언가를 소망하거나 기대할 때 느끼는 즐거움은 결코 그냥 주어지는 것이 아니다. 그러니까 우리가 미리 소망하고 기대함으로써 느끼는 즐거움은 나중에 오는 즐거움이 줄어드는 대가가 포함된 것이다. 반면 동물은 어떤 즐거움도 앞당겨 느끼는 일이 없다. 그렇기에 현재의 즐거움을 고스란히 맛볼 수 있다. 그렇기에 나쁜 일 또한 있는 그대로 겪지만, 인간은 공포와 기우, 나쁜 일을 미리 앞당겨 생각하기에 원래 느껴야 하는 감정보다 열 배는 더 크게 느끼는 것이다.

*

우리는 아픔을 느끼지만 아픔이 없는 것은 느끼지 못하고, 걱정은 하면서도 걱정 없는 상태를 만들지 못하며, 두려움에 시달리지만 안전한 것은 알아차리지 못한다. 또, 우리는 무엇인가를 바라며 목말라하지만 실제로 손에 넣으면 그것에 매력을 느끼지 못한다. 마치 입안에 든 음식물을 삼키면 아무 맛도 느끼지 못하는 것처럼.

인생의 3대 선인 건강, 청춘, 자유도 마찬가지다. 우리는 이러한 것을 가지고 있는 동안엔 전혀 느끼지 못하다가 잃은 뒤에야 비로소 느끼게 된다. 행복한 나날을 보낼 때는 행복을 의식하지 못하다가 그것이 과거가 되고 대신 불행이 찾아오면 그제야 행복을 떠올리게 되는 것이다. 그리고 쾌락을 누릴수록 그에 대한 감각은 약해지고, 쾌락에 익숙해지면 그조차 아무것도 아니게 되어버린다. 오히려 더 뚜렷한 고통을 느끼게 되는데, 쾌락에 젖어 살던 습관이 없어졌을 땐 괴로움만 남을 뿐이다.

*

동물은 인간보다 훨씬 단순한 생활에 만족한다. 식물도 마찬가지다. 인간은 지적 수준이 낮을수록 삶의 만족도를 느낀다. 그리고 동물은 인간보다 훨씬 적은 아픔과 즐거움을 느낀다. 동물들은 불안과 이에 따른 괴로움을 모르며 참된 의미의 소망을 지니지 않고, 즐거운 미래를 예상하거나 거기에 따르는 상상에서 오는 축복의 환영-인간이 느끼는 기쁨과 즐거움은 이 두 가지에서 나온다-에 사로잡히지 않으며, 이런 의미에서 희망을 품지 않기 때문이다. 이것은 동물의 의식이 즉각적인 것에 한정되며 현재에 제한되어 있어서다. 그러니까 동물은 '구체화된 현재'기에 바로 눈앞에 즉각적으로 나타난 사물에 대해서만 더할 나위 없이 짧고 재빨리 두려움과 희망을 품을 뿐이다. 반면 인간의 의식은 그의 인생 전체에 영향을 미치거나, 그 이상으로 퍼져나간다.

*

행복에 대한 거짓된 이미지가 꿈속에서 맴돌고, 사람들은 원래의 행복을 헛되이 찾는다.

＊

　인생은 암초가 많으며 물결이 굽이치는 바다와 같다. 인간은 이러한 바다에서 좌우를 살펴가며 가까스로 위험을 피해 나아간다. 자신의 재능이나 노력으로 그럭저럭 항로를 개척할 수 있다 해도 앞으로 나아갈수록 피하지도 밀어내지도 못하는 죽음이라는 어려움 속으로 다가간다. 그리하여 죽음이 자신에게 달려오는 것을 안다. 죽음은 이렇듯 암초가 많은 항해의 종착지로 지금까지 피해온 어떤 암초보다 더 극악한 것이다.

＊

　불행한 일이 일어나버렸고, 더는 어찌할 도리가 없을 때, '이렇게 하면 되었을 텐데', '이렇게 했더라면 그 일이 일어나지 않았을 텐데' 같은 생각은 하지 않는 것이 좋다. 그러다간 참을 수 없을 정도로 아픔이 커져 결국엔 '자학하는 자'가 되고 만다.

*

　시간이란 즐거울수록 빨리 지나가버리고, 슬픔에 빠져 있을수록 더디게 가는 것이다. 능동적인 것은 즐거움이 아니라 아픔이다. 즐거움은 실감하지 못하지만 아픔은 즉각적으로 실감하기 때문이다. 권태는 우리에게 시간을 의식하게 하고, 쾌락은 시간관념을 사라지게 한다. 이를 보더라도 삶의 감흥이 작을수록 행복하다는 것을 알 수 있다.

*

　생활방식이 단조로워야 행복해진다. 그래야만 삶 자체와 삶에 필수적으로 따라붙는 부담을 적게 느낄 수 있다. 이런 생활은 냇물처럼 파도도 소용돌이도 일으키지 않고 유유히 흐른다.

*

　과거에 당한 불의, 손해, 손실, 명예 훼손, 냉대, 모욕 등을 생생하게 떠올리거나 마음속에 그리지 않는 것이 좋다. 이러한 것들은 오래전에 잠들었던 불쾌감, 분노 등 온갖 나쁜 열정을 다시 자극해 마음을 더럽히기 때문이다.

*

　지나간 일에 대한 불만이나 미래에 대한 걱정으로 현재의 좋은 시간을 지나치거나 경솔하게 망쳐버리는 건 아주 어리석은 일이다. 걱정이나 후회엔 일정한 시간만 내주는 것이 좋다.

*

　스스로에 대한 만족도가 높으며, 자기 자신이 전부일 수 있는 건 행복의 가장 유익한 특성이다. 행복은 자기 자신에게 만족하는 사람의 것이다.

*

　지난날에 다양한 행복이나 향락을 즐길 기회를 놓쳤다고 해서 한탄하는 것은 어리석은 일이다. 그러한 것을 누렸다 해서 이후엔 무엇이 남겠는가. 기억 속의 말라빠진 미라만 남을 것이다. 우리가 실제로 손에 넣었다고 생각하는 모든 일은 이렇게 되는 것이다.

*

　즐거워할 줄 아는 사람은 한 가지의 성공에도 자신을 위로 하고, 유쾌하게 즐길 줄 안다. 대비하면 쉽게 재난이 일어나 지 않듯, 이 경우도 마찬가지다.

*

　많은 이가 지나치게 현재 속에서 살고 있다. 경솔한 이들 이 그러하다.

4

파도가 거센 삶의 바다를
굳건히 헤쳐나가라

논쟁술
-일단 링에 올라섰다면, 이겨라

논쟁에서는 실제로 누구의 주장이 옳은지 중요하지 않다.
칼로 찌르고 방어하는 것, 그것만이 문제일 뿐이다.
논쟁은 정신으로 하는 검술이다.

✻

상대가 무리한 말을 하게 하라.

반박과 말싸움은 상대방을 자극할 수 있다. 이는 곧 상대
방이 자신의 주장을 과도하게 이끌도록 유도할 수 있다. 그
런 다음 우리가 상대의 과장된 주장을 반박하면 마치 상대가
원래 주장한 명제를 반박하는 것처럼 보이게 한다. 반대로,
우리가 이러한 상황에 놓이면 바로 제동을 걸어야 한다. 그
리고 다음과 같은 말을 해라.

"내 말은 이런 뜻이지, 그 이상의 뜻으로 말한 것이 아닙
니다."

＊

    현실에서의 논쟁술은 객관적 진리와 상관없이(그것은 논리학의 문제다), '자신의 정당성을 주장하는 기술'이다. 자신의 정당성을 주장하려면 사안 자체가 정당성을 갖고 있을 때 그만큼 유리하다. 그러나 모든 공격, 특히 부정적 공격에서 우리를 방어하는 법과, 자신의 모순에 빠지거나 상대의 공격에 무너지지 않기 위해선 직접 공격을 가하는 법을 알아야한다. 어떠한 논쟁에서 우리가 바라는 것이 객관적인 진리를 찾는 것인지, 자신의 주장을 상대에게 관철하려는 것인지 정확하게 구분해야 한다. 전자라면 논문으로 다루어야 할 대상으로 곰곰이 잘 생각하고 판단하면 될 일이다. 반면, 후자라면 논쟁술이 필요하다.

＊

    나는 객관적으로 옳은지 그른지를 따지지 않고, 논쟁에서 이용할 만한 요령들을 보여주고자 한다. 논쟁자 자신도 자신의 주장이 진실한지 아닌지를 확실하게 알지 못하기 때문이다. 진실 여부는 논쟁을 통해 가려질 수밖에 없다.

*

　논쟁술의 목표는 자신의 주장을 방어하고, 상대방의 주장을 무너뜨리는 것에 있다. 이에 객관적인 진리는 고려의 대상이 아니다. 왜냐하면, 논쟁에서는 대체로 진실이 어느 쪽에 있는지 알 수 없기 때문이다. 즉, 자신의 주장이 옳은지 아닌지 자기 자신도 알지 못하거나, 처음엔 자신의 주장이 옳다고 생각했어도 갈수록 자신감을 잃거나, 또 둘 다 자신의 주장이 옳다고 생각하기도 한다. 진리는 깊은 곳에 숨어 있어서다.

*

　논쟁이 시작될 즈음엔 둘 다 자기 쪽에 진실이 있다고 생각한다. 그러나 논쟁이 진행되는 동안엔 둘 다 미심쩍어진다. 논쟁이 끝나서야 누가 진실을 말했는지 비로소 밝혀질 것이다. 그러므로 논쟁술은 어디에 진실이 있는지에는 관심을 두지 않는다.

　자신의 명제가 옳은 것으로 증명되기를 원했다면, 그 무엇보다 바른 판단을 내리기 위해 노력해야 할 것이다. 즉, 말하기 전에 먼저 생각부터 해야 한다. 하지만 대다수는 타고난 허영심과 수다스러움, 정직하지 못한 성향을 가지고 있다. 그들은 준비되지 않은 주장을 하고, 그 주장이 틀렸거나 옳지 않았음을 깨달은 후에도 그것이 마치 반대인 것처럼 보이게 하려 한다. 그 나름대로 바른 주장을 펼쳤을 때 유일한 동기가 되어주었던 진리에 관한 관심을 허영심이 차지하도록 내버려두는 것이다.

　이 같은 태도, 즉 자신에게도 거짓으로 보이는 주장을 끝까지 밀고나가는 것에는 나름대로 변명의 여지가 있다. 진실로 믿었던 주장이 상대의 논거에 무너지는 것처럼 보이고, 이때, 주장의 진실성을 쉽게 포기했는데, 나중에 자신이 옳았다는 것을 깨닫게 되는 경우가 있어서다. 단지 내가 내세운 증거가 잘못된 것이었을 뿐, 내 주장을 입증해줄 다른 훌륭한 증거를 분명히 찾을 수 있다. 다만 논쟁을 하는 중에는 상대의 공격을 피할 논거가 금방 떠오르지 않는다. 그렇기에 상대의 논거가 아무리 옳고 설득력이 높아도 그것 역시 그 순간에만 그러할 뿐이다. 논쟁 중엔 상대의 논거를 무너뜨릴 또 다른 논거, 또는 내 주장의 진실성을 증명해줄 합당한 논거가 떠오를 것이라 믿기에 계속 싸우는 것이다. 이 때문에 논쟁에선 정직하지 못한 자세를 취하거나, 적어도 쉽게 그러한 쪽으로 빠지게 된다. 그리하여 논쟁 중인 사람은 대부분 진리가 아니라 자신의 명제를 위해 싸우는 것이다. 이땐 수단과 방법을 가리지 않고 행동한다. 사실 달리 행동할 수도 없다.

그러므로 사람들은 누구나 자신의 주장을 끝까지 이어나간다. 비록 어느 순간엔 거짓이라는 걸 알아차리거나 미심쩍게 보일지라도. 이럴 수 있는 이유엔 개개인이 타고난 교활함과 비열함이 있다. 사람들이 매일 겪는 논쟁의 경험이 이사실을 확인시켜준다. 그렇기에 개개인은 태생적 논리학을 갖고 있듯, 자신만의 태생적 논쟁술을 갖는 것이다.

＊

인간이 정직한 존재라면, 우리는 모든 종류의 논쟁에서 단지 진실만 밝혀내면 될 일이다. 하지만 인간은 근본적으로 정직하지 않다. 그렇기에 논쟁에서 내 주장으로 결론이 나든 상대의 주장으로 결론이 나든 상관이 없어진다. 오히려 이런 것은 아무 의미가 없거나, 아니면 적어도 부수적으로 따라오는 일에 불과할 것이다. 특히 지식에 민감하게 반응하는 인간의 타고난 허영심은 내가 내세운 명제는 거짓으로, 상대의 명제는 참으로 판명되는 것을 허용하지 않는다.

＊

사람들은 논쟁술을 가상의 논리학으로 정의한다. 이것은 잘못된 정의다. 만약 정말 그렇다면 논쟁술은 거짓된 명제들을 방어하는 데에만 사용될 것이다. 하지만 옳은 주장에도 그것을 방어하기 위한 논쟁술이 필요하다. 즉, 상대의 올바르지 못한 요령들에 대응하려면 상대와 같은 무기를 사용해야 한다. 이 때문에 논쟁술에서는 객관적인 진리는 중요하지 않다.

＊

뻔뻔스러운 태도를 지녀라.

근거가 될 수 없는 것이라도 근거인 것처럼 속여 의기양양한 태도로 상대를 공격하라. 상대가 소심하거나 지능이 떨어지는 한편, 우리 자신이 뻔뻔스러운 태도로 목소리를 크게 낼 수 있다면 유용한 방법이다.

＊

상대의 견해를 역으로 이용하라.

상대가 어떤 주장을 펼칠 때, 우리는 그의 주장에 모순이 없는지 찾아내야 한다. 예를 들어 상대가 자살을 옹호하면, 우리는 이렇게 말할 수 있을 것이다.

"그러면 왜 당신은 목을 매지 않습니까?"

이렇게 하면 상대의 논의를 저지할 수 있는 트집거리를 만들 수 있다.

상대가 화를 내면 바로 거기에 약점이 있다.

논쟁 중 상대가 느닷없이 화를 내면, 그 논점을 끈질기게 물고 늘어져야 한다. 상대의 화를 돋우는 것이 우리에게 유리할 뿐 아니라, 우리가 상대의 약점을 건드렸다고 추측할 수 있기 때문이다. 이로써 우리는 겉으로 보이는 것보다 더 많은 것을 얻어낼 수도 있다.

*

상대를 화나게 만들어라.

화가 난 상태에서는 바르게 판단할 수 없고, 자신의 장점을 알지 못하기 때문이다. 상대의 화를 돋우려면 상대에게 노골적인 악담을 하거나 트집을 잡으면 된다. 그냥 뻔뻔스럽게 대하면 그만이다.

＊

상대의 주장을 뒤집어라.

상대의 주장에 타격을 주는 훌륭한 방법은 상대의 주장을 뒤집는 것이다. 상대방의 주장으로 상대를 물리치는 효과적인 방법이기 때문이다. 예를 들어, 상대가 "그는 어린아입니다. 우리는 이 부분을 고려해야 합니다."라고 하면, 우리는 다음과 같이 대응할 수 있다. "그가 어린아이라는 바로 그 점 때문에 아이를 따끔하게 혼내야 합니다. 그래야 나쁜 버릇에 길들지 않을 테니까요."

＊

궤변에는 궤변으로 맞서라.

상대가 겉으로만 그럴듯한 궤변을 펼치면, 우리는 논리적으로 상대방의 논리를 낱낱이 파헤쳐 반박할 수도 있을 것이다. 그러나 더 좋은 방법은 상대와 똑같이 궤변에 가까운 논거로 대응하는 것이다. 그 이유는 논쟁에서는 진리가 아니라 승리가 목적이기 때문이다.

＊

질 것 같으면 화제를 다른 곳으로 돌려라.

상대에게 질 수 있겠다는 생각이 든다면 논쟁 중인 화제의 방향을 다른 곳으로 돌려라. 마치 원래 그 이야기를 하고 있던 것처럼, 상대의 주장에 대한 방증이라도 되는 듯 다른 이야기를 시작하는 것이다.

＊

상대가 스스로 불리한 증거를 대면, 그 부분을 반박하라. (이는 가장 중요한 요령 중 하나다.)

상대가 사안 자체에 대해서는 정당성을 갖고 있으나 다행히 그것에 대한 나쁜 증거를 대는 경우, 이 증거를 쉽게 반박할 수 있다. 동시에 우리는 사안 자체를 반박하듯 행동하는 것이다.

*

　연금술사는 금을 만들고자 하는 불확실성 속에서 자연의 법칙을 발견했다. 운명이 내게 던져준 교훈을 발견하는 사람은 유연하게 순종하는 지혜를 얻게 된다. 그것이 감사다. 행복은 그 복종의 감사를 통해, 나의 희망을 버리고 순종의 깨달음을 획득할 때 주어지는 선물이다.

인생행로
-겁먹지 말고 용감히 맞서라

현명한 사람은 바람이 불어오는 방향에 따라
배의 키와 돛을 바꾸어 나아가면서
자신의 목적지에서
잠시도 눈을 떼지 않는다.

＊

잘 모르는 게 있으면 그것을 잘 아는 사람에게 물어보라. 살아가는 데엔 자신의 것이든 타인의 것이든 지혜가 필요한 법이다. 하지만 세상에는 아는 것이 없어도 그 자체를 인지하지 못하는 사람, 아무것도 모르지만 뭔가를 아는 척하며 다니는 사람으로 가득 차 있다. 불운에 맞서 새로운 길을 가려면 타인의 지혜를 빌리는 일을 망설이지 마라.

*

　인간은 자신의 인생행로를 되돌아보고, 그것의 '미로처럼
헷갈리는 경로(괴테. 파우스트 제1부 헌사)'를 굽어보면, 수많은
행운을 놓쳤고, 수많은 불운을 가져왔음을 알게 되는데, 이
때 자신을 심하게 비난할 수도 있다. 하지만 인생행로는 우
리 자신이 만든 것이 아니라 두 가지 요인, 즉 언제나 서로
맞물려 서로를 변화시키는 수많은 일과 수많은 결정의 결과
물이다. 또 우리는 이 두 가지를 보는 시야가 좁다. 그렇기에
결정을 미리 예언할 수 없고 앞으로 일어날 일을 예상할 수
없다. 우리가 그나마 아는 것은 현재의 결정과 현재의 일뿐
이다. 그렇기에 멀리 떨어진 목적지를 향해 조종술을 발휘하
기 힘들며, 대충 추측해 그쪽으로 방향을 잡는 정도만 할 수
있다. 그러다 보니 키를 반대로 돌리는 일도 생긴다. 다시 말
해 우리는 항상 목적지에 가까워질 거라는 희망을 품은 채
지금 처한 상황에 맞는 결정을 내릴 수밖에 없다. 그러므로
앞으로의 일과 우리 의도는 서로 다른 방향으로 끌어당기는
두 개의 힘이라고 할 수 있다. 바로 여기서 생겨나는 대각선
이 우리의 인생행로다.

*

옛사람들은 말했다.

"세상을 지배하는 세 가지 힘이 있다. 그것은 현명함, 강함, 운이다."

내 생각엔 삶에서 가장 큰 역할을 맡은 힘은 운인 것 같다. 인생을 항해하는 배에 비유할 수 있기 때문이다. 운명, 즉 행운이나 불운은 바람처럼 우리를 빨리 앞으로 나아가게 하거나 뒤로 멀리 되돌려보내기도 한다. 이에 맞서 노력이라는 노를 젓는다 하더라도 우리는 별다른 효력을 볼 수 없다. 오랜 시간 애써서 앞으로 나갔을 때, 갑자기 분 돌풍이 우리를 원래 자리로 되돌려놓는다. 반대로 순풍이라면 노를 젓지 않아도 우리를 저 멀리 데려다 놓는다. 운의 힘을 더할 나위 없이 잘 표현한 스페인 속담이 있다.

"네 자식에게 행운을 주고 바다에 내던져라."

✳

온통 흰 구름에 덮인 하늘을 보고 탄식하며 움츠리는 사람이 있다면, 그는 겁쟁이다. 베르길리우스의 말을 인생의 푯말로 삼아도 좋을 것이다.

"재난을 피하지 말고 용감히 맞서라."

정말 재난인지 의심스럽거나 나아질 가능성이 있다면, 겁먹고 움츠리기보단 당당히 맞설 생각을 해야 한다. 하늘에 푸른 부분이 조금이라도 있다면 날씨를 의심해서는 안 된다. 오히려 호라티우스의 이 말처럼 맞서야 할 것이다.

"세상이 무너진다 해도 그는 파편에 조금도 겁먹지 않는다."

✳

어떤 돌발 사건이 생기더라도 크게 기뻐하거나 크게 슬퍼하지 마라. 한편으로는 모든 사물에 변화의 가능성이 있기 때문이고, 다른 한편으로는 우리에게 무엇이 유리하고 불리한지 잘못 판단할 수 있기 때문이다.

*

주사위가 쇠처럼 떨어지는 이 세상에서 살아가려면, 운명이 주는 시련에 대비하는, 단호하면서도 강한 정신이 필요하다. 인생은 투쟁이기에, 우리는 발걸음을 옮길 때마다 싸우게 된다. 이 때문에 볼테르는 "인간은 검을 뽑아들어야만 앞으로 나갈 수 있으며, 손에 무기를 든 채로 죽는 것이다."라고 말한 것이다.

*

때로는 태양조차 구름 속으로 제 몸을 숨기는 것으로 지는 모습을 감춘다. 이런 날은 태양이 아직 떠 있는지, 이미 졌는지 알 수 없다. 나쁜 결말이 예정되었다면 자신의 초라한 모습을 감추어라. 사람들이 모두 등을 돌릴 때까지 기다려서는 안 된다. 사람들로부터 유령 취급을 받을 뿐이다.

＊

사실 우리는 운에 우리를 맡겨서는 안 된다. 그렇지만 우리는 무언가를 베풀면서도 아무런 요구를 하지 않는 운에 고마워해야 할 것이다. 그리고 바로 이런 점에서 앞으로도 분에 넘치는 많은 선물을 겸허하게 받을 수 있다는 즐거운 희망을 품을 수도 있다.

＊

다가올 인생을 고민하던 젊은 시절, 우리는 막이 오르기 전 극장 안 아이처럼 들뜬 마음으로 연극이 시작되기를 간절히 기다리며 앉아 있다. 실제로 어떤 일이 일어날지 모른다는 것은 오히려 축복이라고 할 수 있다.

＊

고상하고 완벽한 것일수록 성숙에 도달하는 시기가 늦어진다.

*

우리에게 닥칠 어떤 재난을 예상하고 각오한다면 막상 재난이 닥치더라도 그다지 힘들지 않을 것이다. 재난을 단순히 있을 법한 일이라 생각하고 그 전체를 파악함으로써 한계를 알아차릴 수 있기 때문이다.

*

행복의 가장 중요한 특성은 현명함이다. 그다음으로 중요한 것은 용기다. 이 두 특성은 대체로 부모로부터 물려받는다. 그렇지만 의지를 지니고 훈련하면 이 두 특성을 키울 수 있다.

*

상황에 맞춰 현실적으로 생각하고 행동해야 한다. 내가 할 수 있는 것만 바라고, 할 수 있을 때 하도록 하라. 시간과 기회는 우리를 위해 기다려주지 않는다.

*

위험을 미리 감지할 줄 아는 사람엔 두 가지 유형이 있다. 직접 경험한 사람과 타인의 경험을 보거나 들어 미리 배워둔 사람이다. 위기를 벗어날 수 있는 지혜만큼이나 위험을 감지하고 신중하게 행동하는 태도도 필요하다.

*

작은 위기를 결코 가볍게 넘겨서는 안 된다. 행운이 혼자 찾아오지 않듯 위기 역시 홀로 찾아오지 않는다. 행복과 불행은 꼭 짝지어 온다. 작은 위기는 큰 위기를 데려오니, 아무리 작은 위기라도 미리 막아내는 것이 좋다.

*

운명은 나아질 수 있다. 내면이 풍요로우면 운명에 많은 요구를 하지 않을 것이다. 그런데 바보는 끝까지 바보로 있고, 멍청이는 끝까지 멍청이로 있다.

*

이성은 현재 행동에 대한 미래의 결과나 전망을 제시한다. 이 때문에 이성은 우리가 쾌락과 욕구, 분노에 이끌려 잘못된 길로 접어들지 않도록 제어하는 것이다. 이성은 예언자라 할 만하다.

안전띠를 꽉 매
-시간은 굴러떨어지는 공과 같아

삶의 언덕을 넘으면
속도가 빨라지기 시작한다는 것을
잊지 말아야 한다.

*

노년에 이르러 지나온 삶을 되돌아보면 왜 그렇게 짧아 보일까? 추억이 짧은 것처럼 삶도 짧게 여겨서다. 즉, 중요하지 않은 모든 일과 불쾌한 많은 일이 추억에서 모두 떨어져 나가, 남아 있는 것이 별로 없다. 불완전한 지성처럼 기억력도 그렇다. 배운 것은 연습하고 지나간 일은 반추해야만 망각의 늪에 빠지는 일이 없다. 그런데 사람은 중요하지 않거나 불쾌한 경험을 곱씹지 않는다. 그러한 일을 기억에 담아두기 위해서는 반추가 필요하다.

*

산을 오르다 보면 산 너머 반대편 기슭의 죽음은 보이지 않는다. 젊은이의 의욕과 즐거움은 부분적으로 이 때문이다. 하지만 산을 넘어서면 이야기로만 들어 알던 죽음이 실제로 눈에 보인다. 그 순간 삶의 활기와 의욕은 떨어지기 시작한다. 오만함이 물러나고 우울감이 자리를 잡게 되는데, 얼굴에도 그런 표정이 나타난다. 사람들은 젊은 시절에 누가 뭐라 하든 삶은 끝나지 않는다고 생각하기에 시간도 그런 식으로 다룬다. 하지만 나이가 들면 시간을 알차게 이용한다. 하루하루가 교수대로 한 발짝씩 끌려가는 범죄자의 발걸음처럼 무거운 느낌이 들어서다. 젊은 사람들에게 삶은 무한히 긴 미래지만, 나이 든 사람들에게 삶은 매우 짧은 과거다. 그렇기에 삶이란 처음에는 오페라글라스의 대물렌즈를 눈앞에 댄 것처럼 보이지만, 마지막에는 접안렌즈를 눈앞에 댄 것처럼 보인다. 삶이 얼마나 짧은지 알기 위해서는 오래 살아봐야 한다. 시간의 속도도 젊은 시절엔 훨씬 더디게 흐른다. 그 때문에 우리 인생의 첫 4분의 1은 가장 행복한 시기이며 가장 긴 시기이기에 그 어느 시기보다 많은 추억을 남긴다. 사람들이 첫 4분의 1시기에 있던 일에 대해 더 많은 이야기를 하는 것도 이 때문이다.

*

젊은 시절엔 인생이 무한히 길어 보이는 이유가 무엇인가?

우리가 소망하는 바를 이루기 위해서는 그럴만한 공간이 필요해서다. 또, 자신이 살아온 얼마 안 되는 시간을 삶의 척도로 삼기 때문이다.

*

인생이 짧다는 것을 알려면 오래 살아 봐야 한다.

*

사람은 스물여덟 살이 되기도 전에 추리력과 사고력을 거의 완성하게 된다.

*

젊은 시절의 생명력은 이자다. 오늘 다 떨어져도 내일이면 다시 생긴다. 하지만 서른여섯 이후부터의 생명력은 자신의 자본을 갉아먹기 시작하는 연금 생활자의 처지와 같다. 처음에는 이런 변화가 전혀 눈에 띄지 않는다. 지출한 돈 대부분이 여전히 원상 복구되어서다. 이때 발생하는 미미한 적자는 별로 크게 느껴지지 않는다. 하지만 적자의 증가 속도가 점점 더 빨라져 모든 오늘이 어제보다 더 가난해졌다는 것을 알게 된다. 더 심각한 점은 적자의 증가 속도가 멈출 기미를 보이지 않는다는 것이다. 오히려 점점 더 빨라져 급기야 더는 아무것도 남지 않게 된다. 여기서 비유로 든 생명력과 재산, 이 두 가지가 눈 녹듯 사라져버리는 건 참으로 슬픈 일이다.

나이가 들수록 소유욕이 강해지는 것도 이 때문이다. 반면에 성년기에 접어들기까지의 시기와 그 후부터 한동안 우리는 우리에게 주어진 이자를 조금이나마 남겨 자본에 덧붙이는 사람과 같다. 즉, 쓴 만큼 채워질 뿐 아니라 자본을 불리기까지 하는 것이다.

아, 행복한 청춘이여. 아, 슬픈 노년이여.

우리는 청춘의 힘을 아껴 써야 한다.

＊

　나이가 들수록 더 적은 의식으로 살아간다. 천 번이나 본 예술작품에 아무 감명을 받지 못하는 것처럼, 젊었을 땐 감명을 준 사물도 나이 든 사람에게는 아무 인상을 남기지 못한다.

＊

　소년의 한 시간은 노인의 하루보다 더 길게 느껴진다. 삶의 시간은 언덕 위에서 굴러떨어지는 공처럼 가속도 운동을 한다.

＊

　청년기는 진정한 파악과 인식의 시기고 노년기는 행동과 활동의 시기다. 청년기에는 관찰이, 노년기에는 사고가 지배한다. 이 때문에 청년기에는 문학에 빠지고 노년기에는 철학에 빠진다.

*

　사람들은 간혹 어린 시절을 보내었던 고향으로 되돌아가고 싶다는 생각을 하는데, 이는 그곳에서 보낸 좀 더 젊고 활기찼던 시절로 되돌아가고 싶다는 표현이기도 하다. 이런 경우 시간은 공간이라는 가면을 쓰고 우리를 속이는 것이다.

*

　젊을 때의 경험은 나이 들었을 때보다 더 신기하게 느껴진다. 그렇기에 더 풍부한 소재를 가지게 된다. 이는 나중에 추억으로 반복되어 기억에 새겨진다.

*

　배를 탔을 때 해안의 사물들이 뒤로 물러나고 점점 작아 보이는 것으로 자신이 앞으로 나아가고 있음을 알 듯, 점점 나이 들어 다른 사람들이 젊어 보일 때 자신이 늙어가고 있음을 깨달을 것이다.

*

청소년기에 우리를 매료시키는 건 사물의 외형일 것이다. 나이가 들면 생각과 성찰이 마음의 지배적 특성이 된다. 이 같은 이유로 젊음은 청춘의 시기고, 늙음은 철학의 시기가 된다.

*

나는 이제 여행의 목적지에 닿았네. 지친 머리에 월계관을 쓰는 것도 힘들어. 그래도 지난날을 기쁘게 돌아보는 이유는 누가 뭐라 하든 흔들리지 않았기 때문이야.

*

우리 인생의 첫 40년은 본문을 제공하고, 그다음 30년은 그것에 대한 주석의 성격을 지닌다. 이 주석은 본문에서 말하는 도덕과 온갖 미묘한 맛뿐 아니라 본문의 참된 의미와 맥락을 이해하는 법을 가르친다.

쇼펜하우어의 제안
-나를 지키는 처세술

두려운 것은 산꼭대기가 아니라
산비탈이다. 시선은 아래로,
손은 위로 뻗는 이중의 의지 때문에.

*

아무리 절친한 친구라도 결코 그를 대신해 골칫거리를 떠안아서는 안 된다. 이는 자신의 안전을 위해 꼭 필요한 일이다. 만약 친구에게 어떠한 일이 발생했다면, 조언을 해주는 것으로 그치면 된다. 자신의 행복마저 희생하며 온 정성을 바치는 건 필요치 않은 일이다. 상대를 즐겁게 해주려 할수록 오히려 자신이 위기에 빠질 가능성이 있다면, 다음과 같은 말을 되새겨보자.

"뒷날 아무 희망도 없이 슬픔에 젖어 있기보다, 지금 한순간 타인을 슬프게 두는 것이 훨씬 낫다."

*

　시간은 흐르고 사물은 덧없다. 그러니 지금 일어나는 모든 일의 대척점을 바로 생각해 보라. 행복에는 불행을, 우정에는 적의를, 좋은 날씨에는 나쁜 날씨를, 사랑에는 미움을, 신뢰에는 배신을 그려보는 것이다. 반대의 경우도 마찬가지다. 이렇게 하면 우리는 항상 사려 깊게 행동할 수 있으며, 쉽게 속는 일이 없을 것이다. 이것이 세상을 사는 지혜며, 이렇게 해야만 앞으로의 일을 예견할 것이다.

*

　살다 보면, 어쩔 수 없이 거북한 소식을 들을 수도 있다. 하지만 어쩔 수 없는 것이 아니라면, 되도록 거북한 이야기는 타인에게 하지도 말고, 듣지도 않도록 신중한 태도를 유지해야 한다. 사람들은 빈말이라도 그럴듯한 말을 들으려 하기도 하고, 가치라곤 하나도 없는 소문에만 촉각을 세우곤 한다. 그런가 하면 어떤 사람은 독을 마시지 않으면 하루도 견딜 수 없던 미트리다테스 왕처럼 '불쾌'라는 이름의 약을 매일 마셔야만 살 수 있다.

✱

자신의 지식과 분별력을 드러내면 매력도가 높아질 것이라 여기는 건 짧은 생각이다. 되려 많은 이의 미움을 살뿐이다. 타인의 지식이나 분별력을 비난한 자격이 없는 사람일수록 미워하는 마음은 더 커진다. 상대의 월등함을 깨달은 사람은 자연스럽게 자신이 열등하다는 느낌을 받게 되어서다. 이는 곧 그의 마음에 미움이나 원한, 화를 일으키는 계기가 되어버린다.

✱

삶에 필요한 것들을 두 배로 가져라. 그러면 생활 또한 두 배의 가치를 가진다. 한 가지 일에만 매달리거나 한 가지 수단만 믿어서는 안 된다. 저 하늘의 달도 그 모습을 자주 바꾸고, 그 외의 많은 사물은 그 모습을 얼마나 더 자주 바꾸는가. 그러니 허물어지기 쉬운 삶을 잘 이끌어나가기 위해서라도 우리는 삶에 필요한 것을 두 배로 저장해두어야 한다.

무엇인가를 인식하기 위해서 사물의 덧없음과 변화를 인지하는 만큼 경험이 꼭 필요하진 않을 수 있다. 무언가가 존재하는 동안에 시간은 필연적이다. 그래야만 하기에 매년, 매달, 매일, 결국 영원히 존재하는 것처럼 보이기도 한다. 하지만 어떤 해도, 어떤 달도, 어떤 날도 그래야만 하는 권리 같은 것은 없다. 사물의 변화만큼은 영속적이다. 현명한 이는 겉으로 드러난 안정에 속지 않고, 어떤 방향으로 변화가 일어날지 예상한다. 하지만 대부분은 사물의 현재 상태나 진행 방향을 영속적이라 여기고 그것들이 변화하는 이유를 알지 못한다. 원인으로 인한 결과에는 변화의 싹이 담겨 있지 않다. 그런데도 자기가 알지 못하는 원인이 그러한 결과를 만들어냈다고 전제한다. 이러한 사람들은 잘못을 저지를 때 모두 함께 그런 잘못을 범한다. 이들은 재난을 당할 때도 함께 당하는 것이다. 반면, 생각하는 사람은 잘못을 저지를 경우 혼자 재난을 당한다. 덧붙이자면 이런 점에서 '오류는 결과로부터 근거를 추론하는 데서 생긴다'는 나의 명제를 확인할 수 있다.

아픔의 씨앗을 건드리지 마라.

고뇌의 씨앗이 될 만한 것은 처음부터 피하는 것이 좋다. 이는 건강에도 좋은 일이다. 신중히 행동하면 두통이 생길 일이 없다.

*

만약 누군가 거짓말을 하고 있다는 생각이 든다면, 그냥 믿는 척해라. 그러면 그는 더 심한 거짓말을 하게 될 거고, 결국 들통날 것이다.

*

누군가가 숨기려 했던 진실의 한 부분을 저도 모르게 말했다면, 그것을 믿지 않는 척해라. 그러면 그는 모든 진실을 세세하게 말해 줄 것이다.

"사랑하지도 미워하지도 마라"에는 모든 처세술의 절반이 담겨 있다.

"아무것도 말하지 말고 아무것도 믿지 마라"에는 다른 절반이 담겨 있다.

하지만 사람들은 이 같은 원칙이나 다음에 이어지는 원칙이 필요한 세상에서 등을 돌리고 싶어 할 것이다.

한번 잘못을 저지르면 그 잘못을 되돌리려다 더 많은 잘못을 저지르게 되는 경우가 있다. 이는 자신의 거짓말을 감추기 위해 더 큰 거짓말을 하는 것과 마찬가지다.

현명한 사람은 잘못을 되풀이하지 않는다. 자신의 잘못을 인정하고 그 원인을 찾아내 같은 일을 반복하지 않기 때문이다.

*

재능 있는 사람들을 친구로 두어라. 그들이 주는 혜택은 놀랄 만큼 크다. 습관, 취미, 지식까지 영향을 받아 어느 순간 자신의 것으로 스며든다.

*

나그네가 앞으로 걸어갈 때 멀리서 본 사물이 다가갈수록 달리 보이듯, 우리 인생도 마찬가지다. 특히 우리의 소망이 그렇다.

*

아픔과 고뇌가 찾아왔을 때, 가장 효과적인 위안은 우리보다 더 아픈 이들을 바라보는 것이다. 이것은 누구나 사용할 수 있는 방법이다.

＊

동물들은 왜 평온할까? 질문하지 않기 때문이다. 이것이 자연의 지혜다. 위대한 자연의 전지전능함이다. 인간은 존재에 대해 끊임없이 질문한다. 의지와 지성 때문이다. 그러나 때로는 평온함을 위해서 질문을 쉴 필요도 있다.

＊

청춘은 인생에서 가장 아름다운 때다. 그러면 노년은 가장 슬픈가? 아니다. 열망의 노예가 되는 청춘은 즐거움이 적고 고통이 많다. 노년은 열정에 지배받지 않는 시기이므로 평정을 얻는다.

＊

올바른 개념을 원칙으로 삼는 행동은 결과적으로 현실에서 실현하려는 의도와 일치할 것이다.

*

　때로 우리가 추구하던 것과 다른 것, 그러니까 더 나은 것을 발견하기도 한다. 혹은 잘못 접어든 길이나 완전히 다른 길에서, 애초부터 추구해왔던 것을 발견하기도 한다.

의지와 표상으로서의 세계
-세계는 나의 표상이다

동물은 느끼고 직관한다.
인간은 그 밖에 사유하고 인식한다.
둘 다 욕구한다.

*

　나의 철학은 세계의 유래와 목적을 찾는 데 있지 않다. 오직 세계의 본질을 찾는 것이다. 그런데 여기서 '왜'는 '무엇'에 종속된다. 왜냐하면 '왜'는 세계 현상의 형식, 즉 충족이유율에 의해서만 생기며, 이런 점에서만 의미와 타당성을 갖기에 그 자신도 이미 세계에 속한다. 물론 세계가 무엇이냐하는 것은 누구나 인식한다고 말할 수도 있다. 누구나 인식의 주관이며, 그 표상이 세계이기 때문이다.

*

"세계는 나의 표상이다."

이것은 살아서 인식하는 모든 존재에 해당하는 진리다. 그러나 이 진리를 반성하고 추상화할 수 있는 것은 오직 인간뿐이며, 인간이 실제로 그렇게 의식할 때엔 철학적인 사유가 가능하다. 이렇게 보면 인간이 태양을 알고 대지를 아는 것이 아니라, 단지 태양을 보는 눈이 있고, 대지를 느끼는 손이 있다는 것이다. 다시 말해 세계는 자기 자신과 전혀 다른 존재인 인간이라는 표상과 관계함으로 존재하는 것이다. 만약 선험적 진리가 있다면, 이것이야말로 그 진리다. 이 진리는 시간, 공간, 인과와 같은 다른 모든 형성보다 한층 더 보편적인 생각이 가능한 모든 경험의 형식을 표현한 것이기 때문이다. 더구나 이러한 형식은 이미 이 진리를 전제로 하며 우리는 이 형식들을 모두 충족이유율이 특수하고 다양한 형태를 취한 것으로 인식했지만, 이 형식들은 각각 여러 표상의 특수한 일부분에 지나지 않는다.

*

객관과 주관으로 나뉘는 것은 그 모든 부분의 공통된 형식이다. 이 부분은 표상이 추상적이든 직관적이든, 순수한 것이든 경험적인 것이든, 어떤 종류의 것이든 간에 일반적으로 생각하기 위해 없어서는 안 되는 유일한 형식이기 때문이다. 그렇기에 이 진리처럼 확실하고 다른 모든 진리에 의존적이지 않으며 또 증명할 필요도 없다. 인식으로 존재하는 모든 것, 즉 이 세계는 주관과의 관계에서 존재하는 객관에 불과하며, 직관하는 자의 직관, 한마디로 표상이라고 하는 것이다. 물론 이 진리는 현재에도 과거에도 미래에도, 먼 것에도 가까운 것에도 적용된다. 이 진리는 모든 것을 구별해주는 유일한 것인 시간과 공간 그 자체기 때문이다. 이 세계에 속하는 것과 속할 수 있는 모든 것은 주관에 필연적으로 제약을 받으며, 주관에 의해서만 존재한다. 세계는 표상이다.

*

모든 것을 인식하면서 그 어떠한 것에 의해서도 인식되지 않은 것이 주관이다. 주관은 세계의 담당자고, 모든 현상과 모든 객관에 널리 관통하며, 언제나 그 전제적인 조건이기도 하다. 왜냐하면 존재하는 모든 것은 주관에 의해서만 존재하기 때문이다. 모든 사람은 그러한 주관으로서의 자기 자신을 발견하지만, 그것은 그들이 인식하는 한에서만 그런 것이고, 인식의 대상이 되면 그렇지 않다. 따라서, 우리 신체는 이미 객관이기에 우리는 신체 그 자체를 이러한 입장에서 표상이라 부른다. 신체는 모든 객관 중의 객관이며, 비록 직접적 객관이라 하더라도, 역시 객관의 법칙에 지배받고 있어서다. 신체는 직관의 모든 대상과 마찬가지로 다수성을 일으키는 모든 인식의 형식, 즉 시간과 공간 속에 있다. 하지만 모든 것을 인식하면서 어떤 것에 의해서도 절대로 인식되지 않는 주관은 이들 형식에는 없고, 오히려 이들 형식의 전제가 된다. 그러므로 주관에는 다수성도, 그 반대의 단일성도 없다. 우리는 결코 주관을 인식하지는 못한다. 오히려 주관이란 인식이 행해질 경우, 인식하는 바로 그것이다.

*

인간은 자유롭지 않으며 오히려 필연성에 지배된다. 그렇기에 그가 모든 계획을 세우고 반성한다 해도 자신의 행위를 변화시킬 수 없다. 또한, 자기 삶의 처음부터 마지막까지 스스로 시인할 수 없다. 말하자면, 넘겨받은 역할을 끝까지 수행해야만 하는 것이다.

*

이 세계에는 오류도 없고 진리도 없다. 오류나 진리는 추상이나 반성의 영역에 있는 것이다. 그러나 세계는 감각과 오성에 개방되어 있으며, 있는 그대로의 것으로 법칙에 따라 인과의 법칙으로 전개되는 직관적 표상으로 소박한 진리성을 갖고 나타난다.

*

    표상으로서의 세계는 본질적이고 필연적이며 불가분한 두 가지 측면을 가지고 있다. 그 하나는 '객관'인데, 그 형식은 공간과 시간이며, 이것들로 다수성이 생긴다. 다른 하나인 '주관'은 공간과 시간 속에 존재하지 않는다. 주관은 표상 작용을 하는 모든 존재 속에 전체로서 분리되지 않은 채 존재하고 있어서다. 따라서 이들 가운데 단 한 사람일지라도 현존하는 수백 만의 사람들과 마찬가지로 완전히 객관과 더불어 표상으로서 이 세계를 보완하는 것이다. 그리고 이 중 단 하나라도 소멸해버리면 표상으로서의 세계는 이미 존재하지 않을 것이다. 그렇기에 이 두 가지는 사상에 있어서도 떼어낼 수 없다. 그도 그럴 것이 이 두 가지 면의 어떤 쪽도 다른 한쪽으로 인해서만, 또 다른 한쪽에 대해서만 의미와 존재를 지녔으며, 그것과 생멸을 같이하기 때문이다. 이 양면은 직접 서로 경계를 이루고 있기에 객관이 시작되는 곳이 곧 주관이 끝나는 곳이다. 이 경계의 공존은 모든 객관의 본질적이고 보편적인 형식들인 시간, 공간, 인과성이 객관 그 자체에 대한 인식 없이 주관에서 나온 것으로 여겨지고, 완전히 인식될 수 있다는 것이다. 즉 선험적으로 우리 의식에 존재한다는 칸트의 말은 더욱 분명해진다. 이 발견이 칸트의 중요하면서도 위대한 공적이다.

*

시간에 시작이 있지 않고, 모든 시작이 시간 속에 있다. 하지만 시간은 사물이 인식되기 위한 가장 보편적인 형식이며, 모든 현상은 인과성의 유대에 따라 형식에 적용되기에, 최초의 인식과 동시에 시간도 성립되며, 이와 더불어 그 전후에 무한히 연장된 시간도 성립된다.

*

개념은 사유할 수 있을 뿐이고 직관할 수 있는 것이 아니며, 개념으로 인간이 만들어낸 결과만이 본래 철학의 대상이다. 그 결과들이 곧 언어며, 신중하고 계획적인 행동이며, 학문이며, 또한 이들 모든 것에서 끌어내는 것이다.

*

    인생의 다양한 형태들과 주어진 현상의 끊임없는 변화 속에서 인간은 머물러 있는 본질적인 것으로서의 이념을 바라본다. 삶에 대한 의지는 자신의 가장 완전한 객체성을 지니고 거기서 자신의 다양한 특성들, 고통, 잘못 그리고 인간종의 장점, 이기심, 미움, 사랑, 공포, 당돌함, 경솔함, 어리석음, 영리함, 재치, 천재 등을 보여준다. 이러한 모든 것은 수천 가지 개별적인 형태들을 이루어 함께 흐르면서 응고되어, 지속해서 거대하거나 미세한 세계사를 이룬다. 무엇이 이러한 흐름을 움직였는지, 땅콩이든지 왕관이든지, 그 자체로는 별 의미가 없는 것이다.

*

    자극을 받아 운동하는 것이 식물의 성질이듯, 인식한다는 것, '인식이 조건이 되어 동기를 바탕으로 운동하는 것'은 근본적인 동물성의 특징이다.

나는 다음과 같이 주장한다.

이유율은 우리에게 선험적으로 인식되는 이 모든 객관 형식을 공통으로 표현한 것이다. 우리가 순수하게 선험적으로 알고 있는 모든 것이 이 원리의 내용과 그 결과에서 생긴다. 그러므로 이유율 속에는 원래 선험적으로 확실한 우리의 모든 인식이 표현되어 있다. 충족이유율에 관한 논문에서도 이미 언급했지만, 가능한 모든 객관은 충족이유율에 지배되고 있다. 즉, 한편으로는 규정되고, 또 한편으로는 규정하면서 다른 여러 객관과 어떤 필연적인 관계를 맺고 있다. 이것을 다시 확대하여 모든 객관의 전 존재가 객관이고 표상일 뿐 그 밖의 아무것도 아닌 한, 지금 말한 바와 같은 객관 상호 간의 필연적인 관계에 완전히 환원되어 이 관계에서만 존재한다. 따라서 이것은 완전히 상대적인 것이다. 여기서 곧 여러 객관자가 존재하게 된다. 여러 객관은 그 가능성에 따라 분류되는, 여러 종류에 따라 충족이유율이 일반적으로 나타내는 필연적인 관계는 여러 다른 형태를 취해 나타난다. 이로 인해 여러 종류의 올바른 구분도 확립되는 것이다.

＊

우리는 모든 표상의 의미를 알고자 다음과 같이 묻는다. 이 세계는 단지 표상일 뿐인가. 어떤 경우에도 이 세계는 마치 본질이 없는 꿈과 같은 것이며 혹은 유령과 같은 상이어서 우리의 주의를 끌지 못하는 것인가. 그렇지 않으면 이 세계는 뭔가 다른 것이 있는가. 그렇다면 그것은 무엇이란 말인가?

＊

동물은 현재에만 살지만, 인간은 현재와 더불어 미래와 과거에도 산다. 동물은 눈앞의 욕구만을 충족시키지만, 인간은 적절한 대책을 마련하며 미래를, 그뿐 아니라 자기가 살아서 경험할 수 있는 시간까지도 배려한다.

＊

지구는 낮에서 밤으로 회전한다. 개별자는 죽는다. 그러나 태양은 스스로 영원한 정오를 향해 중단 없이 불탄다. 인생은 삶에의 의지가 명백하다. 인생의 형식은 끝이 없는 현재다.

＊

덕은 반성에서 나오는 것이 아니라 의지의 내적 깊이와 인식에 대한 의지의 관계에서 나오는 것이다.

참고 도서

〈의지와 표상으로서의 세계〉 1818, 1819년/1844년 증보.
〈유고-논쟁술〉 1831년.
〈윤리학의 두 가지 근본문제〉 1841년.
〈소품과 부록〉 1851년.

김미조 편역

소설을 쓰면서 인문학 도서를 기획, 집필하고 있다. 장편소설 《천국의 우편배달부》로 데뷔했다. 지은 책으로는 소설집 《니는 혼자가 아이다》《빌어먹을 놈은 아니지만》《피노키오가 묻는 말》, 수필집 《엄마의 비밀정원》, 인문서 《국제분쟁, 무엇이 문제일까?》《10대와 통하는 자본주의 이야기》 등이 있으며 편역한 책으로는 《니체의 슬기로운 철학수업》이 있다. 포천시가 주관한 뮤지컬 〈화적연-용신과 도깨비 공주의 신비로운 사랑이야기〉를 쓰기도 했다.

Arthur Schopenhauer

쇼펜하우어의 슬기로운 철학수업

아르투어 쇼펜하우어 | 김미조 편역

1판 1쇄 인쇄 2024년 7월 30일 | 1판 1쇄 발행 2024년 8월 15일

펴낸이 정중모 | 펴낸곳 파랑새 | 등록 1988년 1월 21일(제406-2000-000202호)
편집장 서경진 | 편집 정혜연, 김보라 | 디자인 권순영 | 마케팅 김선규 | 홍보 고다희
온라인사업 서명희 | 제작 윤준수 | 영업관리 구지영 | 회계 홍수진
주소 경기도 파주시 회동길 152
전화 031-955-0670 | 팩스 031-955-0661 | 홈페이지 www.yolimwon.com
전자우편 bbchild@yolimwon.com
ISBN 978-89-6155-530-2 03160